POESÍAS

de

Salomé Ureña de Henríquez

Presentación

La edición que tiene el lector en sus manos representa un esfuerzo para la promoción, la difusión y la valoración de la obra de Salomé Ureña, poetisa que aún se mantiene en el desconocimiento incluso para muchos compatriotas latinoamericanos.

Si bien es cierto que su labor poética ha trascendido las fronteras de su nativa República Dominicana y que el nombre de sus hijos (Pedro y Max, destacadas figuras de la literatura latinoamericana) tal vez resulte más familiar en varios de nuestros países, todavía se está muy lejos de que al sólo escuchar su nombre se asocie a esta gran mujer con la obra poética que nos ha dejado, como huella imborrable de sus nobles ideales por ver a su querida patria libre del abuso del poder y como ejemplo del progreso logrado a través del acceso al conocimiento que quiso sembrar en todos y cada uno de los habitantes de la nación, especialmente en las mujeres.

Es una reproducción de la edición de 1880, a la cual se ha considerado pertinente hacer algunos cambios tipográficos con el afán de actualizar la puntuación y la ortografía, con el cuidado de dejar intacto el contenido de los poemas que formaron parte de su primera colección publicada.

En espera de haber cumplido con nuestro cometido de hacer accesible esta gran obra literaria, corresponde ahora a cada lector continuar con la semilla de difusión para lograr que Salomé Ureña sea colocada en el sitio de constante homenaje que sin lugar a dudas se merece.

Ana María González.

Salomé Ureña de Henríquez
1850-1897

POESÍAS

de

Salomé Ureña de Henríquez

Coleccionadas

Por la Sociedad Literaria
"Amigos del País"

y publicadas por la misma
con la cooperación de varios municipios,
sociedades e individuos particulares.

Santo Domingo
Imprenta de García Hermanos
1880

Otras ediciones disponibles:
Audio: ISBN 978-1-61012-017-3
Ebook: ISBN 978-1-61012-016-6

Portada: Bonao, República Dominicana 2005
Fotografía: Ana María González
Diseño: Michael Godeck
Tipográfica: Ideal Sans

Primera Edición 1880
SANTO DOMINGO
IMPRENTA DE GARCIA HERMANOS

©Ediciones Chiringa 2012
edicioneschiringa@gmail.com

ISBN 978-1-61012-015-9

"No basta a un pueblo libre
la corona ceñirse de valiente:
no importa, no, que cuente
orgulloso mil páginas de gloria,
ni que la lira del poeta vibre
sus hechos pregonando y su victoria;
cuando sobre sus lauros se adormece,
y al progreso no mira
e insensible a los bienes que le ofrece
de sabio el nombre a merecer no aspira."

Salomé Ureña de Henríquez

Nació esta distinguida poetisa en la ciudad de Santo Domingo el 21 de octubre de 1850. Fueron sus padres Don Nicolás Ureña, poeta de nombre en la literatura nacional, y Doña Gregoria Díaz, personas ambas dignas de aprecio y de consideración.

Motivos ajenos a su voluntad impidieron a éstos atender como correspondía a la instrucción de su hija. Esa circunstancia, sin embargo, no fue parte a desviar a ésta de su natural vocación al estudio, y fueron tales su laboriosa aplicación y precoz desenvolvimiento, que a los diez y siete años de edad daba ya a conocer su naciente ingenio, con la publicación de algunos ensayos poéticos que llamaron la atención de una parte de la prensa, no sólo nacional, sino extranjera.

A esos primeros lauros siguieron de continuo, y siguen hasta ahora, otros más abundantes y hermosos: acreditados periódicos de Cuba, Venezuela, España y otros países, han reproducido espontáneamente varias poesías suyas de las aquí publicadas, acompañadas de los más cumplidos elogios; y puede decirse que al presente se halla nuestra poetisa en la época culminante, en que la madurez del talento no perjudica a la juventud y lozanía del corazón.

Poco ufana, empero, de tales triunfos, y alcanzándosele muy bien que la erudición abre siempre nuevos horizontes al ingenio más preclaro, y que ambos han de hermanarse para dar a luz obras de todo punto acabadas, no ha desmayado un sólo instante en su anhelo de adquirir gran suma de conocimientos, y hase consagrado en estos últimos tiempos a estudios graves, como las ciencias naturales y exactas, la filosofía y la historia, con lo que va dando sólida base a su buen gusto literario.

Para colmo de dicha, a tan excelentes dotes intelectuales se unen en la Señora Ureña de Henríquez las cualidades morales más hermosas, y propias para realzar el esplendor de su gloria poética, inspirando a cuantos la conocen, no solamente la admiración que todos sienten por la inteligencia, sino también el respeto que se tributa a la virtud.

La Sociedad "Amigos del País", sensible como sus demás compatriotas a tan relevantes méritos, y fiel a su principio de honrar siempre la grandeza moral, no ha perdonado medios de hacer ostensible su simpatía hacia la esclarecida poetisa, y hase aprovechado de cuantas ocasiones se le han ofrecido para satisfacer ese sentimiento y cumplir ese deber.

En 1877 la nombró su *miembro facultativo honorario*; y más tarde, haciendo suya la idea sugerida por una carta anónima, y con el auxilio de varias corporaciones y personas distinguidas del país, le adjudicó, el 22 de diciembre de 1878, una medalla de honor en nombre de la Patria.

A tales distinciones se han añadido en estos últimos meses las de dos corporaciones más: el "Círculo Literario de Puerto Príncipe", de Cuba, y "La Republicana" de esta Capital, Sociedad de grandes merecimientos; ambas han inscrito en el cuadro de sus miembros honorarios el nombre de la poetisa.

Ella por su parte ha sabido proporcionarse la dicha que resulta siempre de un buen enlace, uniendo su porvenir y su nombre, en el mes que termina, al porvenir y nombre de Don Francisco Henríquez y Carvajal, joven de talento cultivado y buen concepto social, *miembro facultativo* de esta Sociedad.

Ésta, finalrnente, resolvió a mediados del año próximo pasado, publicar en volumen, con la anuencia de la autora, la colección de sus poesías. Obtenida la autorización, llévase hoy a cabo ese proyecto, a cuya realización contribuyen graciosamente varios Municipios, Sociedades e individuos amantes del progreso y enaltecimiento de las letras patrias, y que jamás convienen en ser los últimos cuando se trata de celebrar a la ilustre compatriota.

La Sociedad "Amigos del País".
Santo Domingo, febrero de 1880.

¡Fiat Lux!

No lo dudemos: la nación vive y crece y echa y consolida las bases de su futuro engrandecimiento. La juventud la salva.

Así debe ser. Rica de esperanzas y ávida de gloria, la juventud es progreso y tiene que ir siempre adelante dando apoyo y calor a toda idea elevada, fecunda y bienhechora.

No en vano ha encendido Dios en su pecho el fuego sagrado de los grandes amores que resplandece en su semblante lleno de animación y reverbera en su mirada ardiente.

De ella es todo: la actividad, la energía, la fe, la abnegación, el entusiasmo, el espacio, el tiempo y las nobles aspiraciones; y a su genio emprendedor le corresponden los lauros de las brillantes conquistas que la aguardan para coronarla.

Y precisamente la nuestra hace algunos años que ha sabido ocupar su puesto, dilatando convenientemente su acción sobre lo porvenir para preparar honrosos destinos a la patria.

La República nos viene ofreciendo el halagüeño espectáculo del ahínco con que la juventud dominicana se dedica a los estudios en la capital y en las provincias, ganosa de adquirir reputación literaria y propagar la instrucción, estableciendo sociedades, fundando bibliotecas, celebrando públicos certámenes, editando y redactando periódicos y honrando los talentos sobresalientes.

¡Loor y prez a esos obreros de la civilización que luchan con ardoroso afán por disipar las nieblas letales de la ignorancia que épocas funestas han condensado sobre nuestro pueblo, foco un día de luz y grandeza intelectual en la América Latina!

Ellos no verán frustrados sus nobilísimos esfuerzos. Su espíritu animará la gleba y de ella surgirán nuevos hombres que llevarán en la frente la majestad personal. El filtro poderoso de sus ideas regenerará la savia de la sociedad enferma y decaída por mal humorada.

Esa es la única esperanza que nos queda para sobrellevar, resignados, nuestros dolores.

Sí, sin ilustración no hay personalidad, ni sin personalidad derechos, ni sin derechos justicia, ni sin justicia orden, ni sin orden libertad, ni expansión, ni paz, ni bienandanza. *¡Fiat lux!*

Y en verdad, consuélase uno viendo que a vuelta de tantas desgracias como han llovido sobre nosotros, especialmente durante los siete lustros que contamos de independencia, la afición a las letras se haya despertado con tanto vigor, debido, sin duda, en mucha parte a ese estado de exitación de los ánimos agitados por la borrascosa vida pública, o, quizás, a la influencia de las mismas calamidades que han torturado el espíritu nacional obligando al retraímiento y a la meditación de los sucesos.

Las letras han ganado siempre en los desencantos políticos, como en todos los dolores humanos.

Nunca es el hombre más dueño de sí mismo que cuando, experimentando un desaliento, se refugia en el santuario de su conciencia y ve reflejada en el fondo de ella la realidad de las vanidades exteriores. Entonces encuentra dentro de sí la plenitud de la vida, y fuera descubre el cadáver: dentro, el ser; fuera, la sombra fugaz. Entonces se halla en posesión perfecta de su personalidad; ejercita su imaginación y su pensamiento; y su verbo interior se fecundiza y sale en forma de palabra hablada o escrita a fecundar también otros espíritus.

Y ¡qué asombrosa generación la del verbo! Se multiplica como las arenas del mar y como las estrellas del cielo, y, a pesar de su ubicuidad y multiplicidad, subsiste íntegro e inalterable, y su existencia y su poder y su fecundidad no tienen fin. Brota de los labios o de la pluma de un hombre, y se transmite de gente en gente, llevando a todos los lugares, a todos los climas en alas de los siglos. La inmortalidad humana comienza en la palabra. Transmitir ésta es asegurar la vida. Los oradores y los escritores perpetúan su memoria, porque han comulgado a todas las generaciones con la palabra, que es la sustancia de su pensamiento, que es la esencia de su espíritu.

Pues bien: la literatura es respecto de una nación, lo que la palabra respecto de un hombre. El mudo es un mutilado, reducido a las estrechas dimensiones de su esfera material, que aparece, vegeta y se va sin interesar en el movimiento social. Y las naciones que no dicen nada de sí mismas; que no hablan; que no confunden su verbo en el gran concierto del lenguaje humano; que no llevan sus ideas a la perenne gran exposición del discurso universal, no tienen vida exterior, ni prolongada, y languidecen en la esterilidad: pasan muertas debajo del sol de los pueblos, dejando un punto en el mapa geográfico, pero no una estela luminosa en la historia; no la eterna repercusión de su palabra que se dilata llenando todos los tiempos.

Oh sí, la literatura de un pueblo es también su inmortalidad porque es su espíritu que subsiste salvándose de todas las catástrofes: Israel no perecerá; Grecia y Roma hablarán a todas las edades. Su literatura es la gran nodriza a cuyos pechos exhuberantes se ha lactado la inteligencia de la humanidad. ¿Cómo pues, no he de saludar entusiasmado el alba de nuestra literatura que asoma y se ensancha por sobre las brumas de nuestras desgracias? Prolongada ha sido nuestra noche y mucho tardaba el bello crepúsculo que despunta, revelando la gran fermentación de los espíritus.

En poco tiempo han sido publicadas varias obras nacionales, unas en prosa y otras en verso, figurando, entre las segundas, la *Lira de Quisqueya*, colección ya juzgada por uno de nuestros mejores críticos. Sus editores confundieron, por desgracia, composiciones de algunos de nuestros poetas de bien merecidos lauros, con otros de aficionados, que no debieron aparecer en dicha obra. No pararon mientes en los efectos del contraste, o ignoraron que en el arte, manifestación de lo ideal, que es definido, no hay puntos relativos sino extremos. El poeta no se forma, no se mejora, no progresa. Nace trayendo en su mente las sublimes visiones que arroban su fantasía, o la exaltan, agitan y atormentan, para que, ángel o demonio, pero siempre potencia, conmueva nuestra naturaleza. Así los vemos presentarse en el escenario de la vida, diversos en la inspiración, pero iguales por la majestad del numen y de todas maneras grandes. Ahí están Homero y Esquilo; Virgilio y Dante; Shakespeare y Milton; Klostop y Goethe; Espronceda y Quintana; Lamartine y Víctor Hugo.

Después de la *Lira* salieron a luz las *Fantasías indígenas* del atildado poeta José Joaquín Pérez. En esa obra todo es interesante y bello: el asunto nacional y delicadamente escogido; la historia y las fábulas amparadas de la tradición, concordes para revelarnos el secreto de las costumbres y hechos de los primitivos aborígenes; y la versificación melodiosa, llena y sonora. Leyéndola, se transporta el alma seducida por las armonías que el poeta hace brotar de sus versos fluidos, variados, ricos de imágenes y de inspiración.

La Señorita Salomé Ureña tejió vistosa corona de gallardas

flores que ciñó al bardo feliz en sus *Impresiones* inmortales.

Ella, la cantora de vigorosa entonación, de estro suavísimo por natural y espontáneo, cuya poesía brilla con un resplandor siempre vivo y admirable, enalteciéndola cada vez más a los ojos de propios y extraños, y que es ya una celebridad latinoamericana, da hoy también a la estampa, en forma de libro, las producciones espléndidas de su ingenio tropical.

Nunca he celebrado en la bella literatura esa poesía galana e insustancial que dora extravagancias y delirios para fascinar imaginaciones e inteligencias superficiales; pero sí admiro y aplaudo la filosófica que hace irradiar la luz del discurso y la proyecta sobre el alma y el corazón, templada por la suavidad del sentimiento y las imágenes de la fantasía.

Lo bello no es incompatible con lo grave. El pensamiento tiene su cielo y sus arreboles. Más elevado que el sentimiento y la imaginación, es la verdadera majestad del espíritu; y la poesía, que pone al servicio del pensamiento su paleta y sus colores, es, sin duda, la más enaltecida del arte que hace brillar la importancia de la idea, revistiéndola con formas seductoras que enajenan y cautivan.

 Por esto he admirado siempre el numen de la Señorita Ureña. Sus producciones se distinguen no sólo por el mérito estético que entrañan, por sus formas puras y concretas, por su fuego y elevación, delicadeza y fluidez, elegancia y flexibilidad, y otras cualidades sobresalientes de incosteable belleza artística, sino por la sustancia ideológica que les comunica alma y energía, revelando en todas ellas lo que piensa y siente.

Ahí están sus odas: ahí están todos sus cantos. Corina y Safo reconocerían en ella su excelso numen, y pondrían en manos de la poetisa que surge radiante de entre los escombros de la que fue la Atenas del Nuevo Mundo, sus arpas de oro coronadas de laureles.

Hasta ahora la Señorita Ureña no se había ejercitado sino en el género lírico. Lo subjetivo, es decir, lo ideal, ha sido la fuente de sus inspiraciones. La naturaleza es siempre lógica. ¿No ha tendido las cuerdas de la melodía en el corazón de la mujer?

Ello no obstante, como "los poetas son liras que suenan a todos los vientos; lagos que cambian los matices al paso de cada nube", y la Señorita Ureña ha revelado suficientemente que en el purísimo cristal de su alma tierna y sensible, se reflejan todos los rayos de luz y vibran todas las armonías, nos sorprende hoy con su leyenda nacional intitulada *Anacaona*, escrita últimamente, y cuyo mérito sabrá apreciar como es debido el lector. ¿Acaso no teníamos y tenemos derecho a esperar que sea también la poetisa objetiva que, inspirándose en nuestra historia tan fecunda en graves acontecimientos, en hechos gloriosos, en episodios heroicos y sublimes, en sucesos desgraciados, alcanzara nuevos y mayores triunfos literarios en la poesía dramática y aún en la epopeya, dándonos el poema épico que consagre el recuerdo interesante de nuestro pasado legendario?

¿Y qué puede dudarse de la maravillosa potencia generadora del ingenio humano? Él es luz, fuerza que contiene el espíritu y crea derramando claridades en los senos misteriosos de la naturaleza; descubriendo y combinando elementos e imágenes así en el orden físico como en el intelectual y moral; revelando los secretos de las grandes leyes y relaciones de los seres; percibiendo sus lineamientos más ocultos y las bellezas de sus formas y haciendo, en fin, comprender y admirar las delicadas y grandiosas armonías de los mundos. Por eso es don singular no prodigado por Dios sino concedido a pocos, que se levantan como astros brillantes sobre el cielo de las inteligencias para servirles de guía y estímulo, siendo a la vez, su objeto de admiración y honra.

Así, cuando encontramos uno de esos seres privilegiados con tan elevada dignidad, en la escala del talento, opino que reconocer sus merecimientos e inclinar la frente con respeto delante de él, y regar a su paso las flores de nuestra alma, que son las expresiones de nuestro entusiasmo y de nuestros aplausos sinceros, es deber que nos obliga y homenaje que nos enaltece.

Esto me ha movido a escribir en obsequio de la Señorita Ureña, las líneas que ya deben tener aquí su punto final. Ella es digna de las congratulaciones nacionales con que la República, por el órgano de la juventud ilustrada, encarece y galardona las altas dotes de su ingenio poético, honra de las bellas letras y motivo de justo enorgullecimiento para la patria.

Recojámonos, entre tanto, y guardemos profundo silencio para percibir las dulces notas que van a poblar de melodías la atmósfera del alma; que ésta va a ser deleitosamente arrullada por las vibraciones del harpa suavísima y armoniosa de la musa de Quisqueya.

Fernando A. de Meriño
Puerto Plata, agosto de 1879.

POESÍAS

A mi madre

Aquí a la sombra tranquila y pura
con que nos brinda grato el hogar,
oye el acento de la ternura
que en tus oídos blanda murmura
la dulce nota de mi cantar.

La voz escucha del pecho amante
que hoy te consagra su inspiración,
a ti que aún eres tierna, incesante,
de amor sublime, de fe constante,
raudal que aliento da al corazón.

Mi voz escucha: la lira un día
un canto alzarte quiso feliz,
y en el idioma de la armonía
débil el numen, oh madre mía,
no halló un acento digno de ti.

¿Cómo tu afecto cantar al mundo
grande, infinito, cual en sí es?
¿Cómo pintarte mi amor profundo?
Empeño inútil, sueño infecundo
que en desaliento murió después.

De entonces, madre, buscando en prenda,
con las miradas al porvenir,
voy en mi vida, voy en mi senda,
de mis amores íntima ofrenda
que a tu cariño pueda rendir.

Yo mis cantares lancé a los vientos,
yo di a las brisas mi inspiración;
tu amor, grandeza dio a mis acentos:
que fueron tuyos mis pensamientos
en esos himnos del corazón.

Notas dispersas que en libres vuelos
y a merced fueron del huracán;
pero llevando con mis anhelos
los mil suspiros, los mil desvelos
con que a la Patria paga mi afán.

Hoy que reunirlas plugo al destino
quiero que abrigo y amor les des:
esa es la prenda que en mi camino
al soplo arranco del torbellino,
y a colocarla vengo a tus pies.

Contestación al joven poeta T. R.

Más grato que del ave
el cántico armonioso,
que el ruido cadencioso
del aura en el palmar;
más tierno que el gemido
de tórtola doliente,
o de una mansa fuente
el leve susurrar;

Oí yo de tu lira
la suave melodía
que diera al alma mía
momentos de placer.
Mas iay! en esos dulces
y plácidos acentos
de tu alma los tormentos
se dejan comprender.

Si Cuba con sus bosques,
sus vegas y sus flores,
no brinda a tus dolores
alivio ni solaz;
si en medio de su encanto
e ingénita belleza,
acerba la tristeza
te sigue allí tenaz;

La margen abandona
del límpido Almendares,
y vuelve, de tus lares,
la brisa a respirar;
y vuelve, del Ozama
que corre dulcemente,
la rápida corriente
feliz a contemplar.

Sí, bardo, torna al suelo
que forma tu contento,
do en blando movimiento
tu cuna se meció.
Verás los anchos bosques
y los amenos prados,
do libre, sin cuidados,
tu infancia transcurrió.

Verás los altos robles,
los grupos de palmeras
que mece en las praderas
la brisa tropical.
Aún guarda el arroyuelo
sus plácidos rumores;
los pardos ruiseñores
su cántico genial.

De nuestra amada Patria
el cielo transparente,
bullir hará en tu mente
la dulce inspiración;
y al entonar gozoso
tus fáciles cantares,
el tedio y los pesares
huirán del corazón.

1870

Una lágrima
En la muerte de L. P. A.

    Proscrito, solo, errante y sin consuelo
al extranjero suelo
te arrojó sin piedad la suerte instable,
pero su golpe rudo, lamentable,
te vimos soportar con noble calma,
sin que nunca tu alma
cobarde se abatiera y miserable.

    Tu corazón que ante el dolor ajeno
sensible se mostrara
y que el propio arrostró siempre sereno;
tu noble corazón, do se albergara
el patrio sentimiento
hora yace sin ser ni movimiento.

    Rauda elevóse a la mansión etérea
el ánima que ufana,
en su ilusión aérea
ansiaba sólo con vehemente anhelo,
ver tremolar en el nativo suelo
de libertad la enseña soberana.

Tu patria idolatrada
nunca borraste de tu fiel memoria;
mil veces la lloraste encadenada
y en tono melodioso
tu lira lamentó su triste historia;
tu lira que templabas afanoso
para ensalzarla en su futura gloria.

La patria, bardo, para ti formaba
tu bien mayor y tu ilusión más bella;
tu pecho la adoraba
con ciega idolatría;
acaso con afán en tu agonía
aún clamaste por ella.
Mas, en vano, que bárbara, implacable
no te dejó la muerte inexorable
ver de su libertad el fausto día.

Pero ya libre de miseria y llanto
el suelo abandonaste,
y raudo te elevaste
a ese mundo de luz do no hay quebranto;
ya huellas, ¡mártir! la celeste esfera
mansión de eterna vida;
habitas ya la Patria verdadera
al justo prometida,
en donde el alma con fervor profundo
himnos entona al Hacedor del mundo.

1870

Un gemido
Sobre la tumba de mi malogrado amigo José Francisco Pichardo

Yo no vengo a la tierra donde yaces
a sembrar una flor, no puedo tanto,
yo no vengo a ofrecerte un nuevo canto,
en notas de sublime inspiración.
No brotan flores en mi senda estéril,
ni el harpa del dolor tiene armonía,
gemidos sólo guarda el alma mía,
y un *gemido* te rinde el corazón.

Un *gemido* no más, solo tributo
que te brinda mi pecho lacerado,
a ti que fuiste siempre condenado
a gemir en la tierra como Job.
Y que aguardar supiste resignado
el término de tanto sufrimiento,
abismándose en Dios tu pensamiento,
soñando en otro mundo cual Jacob.

Yo te vi padecer, sin que pudiera
de tus males la bárbara fiereza
abatir de tu pecho la entereza
ni tu heroica paciencia contrastar.
Superior al destino que en tu frente
descargara su inmensa pesadumbre,
supiste del saber al ardua cumbre
el vuelo poderoso levantar.

Y en la arena revuelta de la vida
arrojado en combate permanente,
sucumbiste luchando heroicamente
sin ceder al destino tu valor.
Hoy por eso en el polvo removido
que de tu ser oculta los despojos,
derraman una lágrima mis ojos
recordando tu historia de dolor.

Mas hora, ya sin penas en la altura
del ángel a las suaves armonías,
unirás las acordes melodías
con que supo arrobarnos tu laud.
Y duerme en paz: no turbe tu reposo
de mi dolor el lánguido *gemido*
mientras ciñes en premio merecido
los lauros del martirio y la virtud.

1873

La gloria del progreso
A la Sociedad "La Juventud"

No basta a un pueblo libre
la corona ceñirse de valiente:
no importa, no, que cuente
orgulloso mil páginas de gloria,
ni que la lira del poeta vibre
sus hechos pregonando y su victoria;
cuando sobre sus lauros se adormece,
y al progreso no mira
e insensible a los bienes que le ofrece
de sabio el nombre a merecer no aspira.

El mundo se conmueve
cual de una fuerza mágica impulsado;
el progreso su luz extiende breve
desde la zona ardiente al mar helado,
y vida y movimiento a todo imprime.
Por eso las naciones convocadas
en lucha tan sublime,

dispútanse agrupadas
el lauro insigne del saber divino,
y cada pueblo aspira
con afán a cumplir su alto destino.
Lucha sublime, sí, donde se mira
en héroe convertido al ciudadano,
ceñir triunfante la inmortal corona,
desde el pobre artesano
que en su taller humilde se aprisiona,
hasta el genio que escala al firmamento
y fija al ígneo sol su inmoble asiento.
Contemplad al que atento y cuidadoso
se desvela en su estancia retirado
indagando la ciencia. Al que afanoso
sorprende los secretos de natura,
y con mano segura
al lienzo los traslada transportado.
Mirad al que domando
del mármol o del bronce la dureza,
de forma le reviste y de belleza;
al hábil arquitecto que elevando
hasta el cielo la cúpula gigante,
sublime y arrogante
parece desafiar del tiempo cano
la destructora acción. Ved al que ufano
el ánimo sorprende y maravilla,
trocando fácil con su diestra mano
en deslumbrante vidrio humilde arcilla;
al incansable obrero
que sobre su telar constante vela,
que sin cesar se afana,
y con prolijo esmero,
hace que de algodón o tosca lana
brote bajo sus dedos rica tela;
al que tenaz horada las montañas
y en sus rudas entrañas
abre a la industria salvadora senda;
al que su rica hacienda
no consume en estéril opulencia,

y con afán loable
acorre presuroso a la indigencia
y el pan de la instrucción le brinda afable.
Mirad al que a su imperio
hace que salve el líquido elemento
y atraviese, más rápida que el viento,
la palabra veloz otro hemisferio.
Miradlos todos, vedlos agrupados
oponer una valla al retroceso:
ellos son los guerreros denodados
que forman la vanguardia del Progreso.

¡Oh! Dichosas mil veces las naciones
cuyos nobles campeones,
deponiendo la espada vengadora
de la civil contienda asoladora,
anhelan de la paz en dulce calma
conquistar del saber la insigne palma.
Esa del genio inmarcesible gloria,
es el laurel más santo,
es la sola victoria
que sin dolor registrará la historia
porque escrita no está con sangre y llanto.

Tú, Juventud, que de la Patria mía
eres honor y orgullo y esperanza,
ella entusiasta su esplendor te fía,
en pos de gloria al porvenir te lanza.
Haz que de ese profundo
y letárgico sueño se levante,
y entre el aplauso inteligente, al mundo
el gran hosanna del Progreso cante.

1873

A los leutones

Consagrados el 24 de junio en la Logia "Cuna de América Núm. 2"

Cual águila caudal con noble anhelo,
a la región vacía
levanta, ioh musa! el majestuoso vuelo:
raudales de armonía
pide a la inspiración, y al sol radiante
roba un destello de su luz brillante.

Y ven conmigo al templo luminoso
donde la unión se mira;
ven y contempla en su interior suntuoso
el cuadro que me inspira
el que hace, ioh musa! que de ti demande
un himno nuevo, melodioso y grande.

Templo de amor donde la luz impera
sin término ni ocaso,
donde feliz la humanidad entera
se estrecha en dulce lazo;
y donde ajeno al mundanal tumulto
a Dios se rinde reverente culto;

Do se desborda de su inmensa fuente
la caridad preciada,
donde siempre el clamor del indigente
halló fácil entrada,
y el huérfano infeliz en su amargura
apoyo firme, protección segura;

Donde hoy gozosa, con amante halago
entre variadas flores
que del incienso con el humo vago
confunden sus olores,
conducida la infancia placentera
recibe del amor la unción primera.

Vosotros, niños, esperanza bella
del porvenir incierto,
de vuestros padres la marcada huella
seguid con digno acierto,
y seréis, imitando su alto ejemplo,
firmes columnas de tan noble templo.

Este momento con tenaz porfía
grabad en la memoria,
y pueda por vosotros algún día,
con majestad y gloria,
de la eterna verdad el sol fecundo
más bello alzarse a iluminar el mundo.

1873

A los dominicanos
Después de la revolución de noviembre

Los que anheláis del templo de la gloria
la Patria levantar a lo eminente,
que supisteis luchar heroicamente
por darle en los anales de la historia
el renombre de un pueblo independiente;

Venid y saludad la nueva aurora
que baña en luz la dilatada esfera;
saludad la celeste mensajera
que en nombre de la unión, que el libre adora,
del suspirado bien abre la era.

Y vosotros, que el cáliz de amargura
distantes apuráis de vuestros lares,
salvad gozosos los tendidos mares;
volved a saludar en la llanura
de la antilla preciada los palmares.

Volad a recibir el tierno abrazo
de la madre amorosa que os dio vida,
y juradle con voz enternecida,
cuando os miréis en su feliz regazo,
darle otra vez la majestad perdida.

Todos venid, y en fraternal alianza
estrechad vuestros nobles corazones;
reprimid el rencor y las pasiones,
y revivan al sol de la esperanza
del patriota las dulces ilusiones.

Y pues grandes ayer en Capotillo
espanto fuisteis a la hispana gente,
aún reclama el esfuerzo del valiente,
para dar a sus triunfos nuevo brillo,
Quisqueya la gentil, la independiente.

Mas deponed la poderosa espada
con que abrís el camino a la victoria,
guardadla de hechos grandes en memoria:
que en esta nueva singular cruzada
no será de las armas la alta gloria.

Unidos, con intrépida constancia,
el firme pecho de virtud seguro,
salvad triunfantes el altivo muro
que levanta en su orgullo la ignorancia,
y arrancad al error su cetro impuro.

Ya os brinda el triunfo su gloriosa palma,
¡oh, de mi Patria nobles campeones!
Atónitas os miran las naciones
al progreso elevar en grata calma
con honra y libertad nuevos pendones.

Dando al olvido vuestro ciego encono
al ara de la paz tended la mano,
y con vivo entusiasmo soberano
asegurad en su perdido trono
a la reina del piélago antillano.

1874

A la Patria

Desgarra, Patria mía, el manto que vilmente
sobre tus hombros puso la bárbara crueldad;
levanta ya del polvo la ensangrentada frente
y entona el himno santo de Unión y Libertad.

Levántate a ceñirte la púrpura de gloria,
ioh! Tú, la predilecta del mundo de Colón;
tu rango soberano dispútale a la Historia,
demándale a la Fama tu lauro y tu blasón.

Y pídele a tus hijos, llamados a unión santa,
te labren de virtudes grandioso pedestal,
do afirmes para siempre la poderosa planta
mostrando a las naciones tu título inmortal.

Y deja, Patria amada, que en el sonoro viento
se mezclen a los tuyos mis himnos de placer;
permite que celebre tu dicha y tu contento
cual lamenté contigo tu acerbo padecer.

Yo vi a tus propios hijos uncirte al férreo yugo
haciéndote instrumento de su venganza cruel,
por cetro te pusieron el hacha del verdugo
y fúnebres cipreses formaron tu dosel.

Y luego los miraste proscriptos, errabundos,
por playas extranjeras llorosos divagar;
y tristes y abatidos los ojos moribundos
te vi volver al cielo cansados de llorar.

Tú sabes cuántas veces con tu dolor aciago
lloré tu desventura, tu propia destrucción;
así cual de sus muros la ruina y el estrago
lloraron otro tiempo las hijas de Sion;

Y sabes que gimiendo colgué de tus palmares
el harpa con que quise tus hechos discantar,
porque al mirar sin tregua correr tu sangre a mares
no pude ni un acorde sonido preludiar.

Mas hoy, que ya parece renaces a otra vida,
con santo regocijo descuelgo mi laud,
para decir al mundo, si te juzgó vencida,
que te alzas victoriosa con nueva juventud;

Que ostentas ya por cetro del libre el estandarte,
y por dosel, tu cielo de nácar y zafir,
y vas con el progreso, que vuela a iluminarte,
en pos del que te halaga brillante porvenir;

Que ya tus nuevos hijos se abrazan como hermanos
y juran devolverte tu augusta dignidad,
y entre ellos no se encuentran ni siervos ni tiranos
y paz y bien nos brindan Unión y Libertad.

¡Oh Patria idolatrada! Ceñida de alta gloria
prepárate a ser reina del mundo de Colón;
tu rango soberano te guarda ya la Historia,
la fama te presenta tu lauro y tu blasón.

1874

Melancolía

Hay un ser apacible y misterioso
que en mis horas de lánguido reposo
    me viene a visitar;
yo le cuento mis penas interiores,
porque siempre calmando mis dolores
    mitiga mi penar.
Como el ángel del bien y la constancia
en los últimos sueños de mi infancia
    aparecer le vi;
Contemplóme un instante con ternura
y "oye" dijo, "las horas de ventura
    pasaron para ti.
Yo vengo a despertar tu alma dormida
porque un genio funesto, de la vida
    te aguarda en el umbral;
y benigno jamás, siempre iracundo,
te encontrará del agitado mundo
    en el inmenso edal.

Yo elevaré tu espíritu doliente,
disiparé las nubes que en tu frente
    las penas formarán;
consagra sólo a mí tus horas largas,
y enjugaré tus lágrimas amargas
    y calmaré tu afán.
Seré de tu vivir guarda constante
y mi pálido tinte a tu semblante
    transmitirá mi amor;
y te daré una lira en tus pesares
porque al eco fugaz de tus cantares
    se exhale tu dolor;
y te daré mi lánguida armonía,
que los himnos que entona de alegría
    la ardiente juventud
jamás ensayarás, pobre cantora,
porque siempre la musa inspiradora
    seré de tu laud."
Dijo, y de entonces cual amiga estrella
alumbra siempre misteriosa y bella
    mi noche de dolor;
y me arrulla sensible y amorosa,
cual arrulla la madre cariñosa
    al hijo de su amor;
y haciendo que en sus alas me remonte,
a ese mundo de luz sin horizonte
    de dicha voy en pos;
y entonces de mi lira se desprende
nota sin nombre que la brisa extiende
    y escucha sólo Dios.
Yo te bendigo, fiel Melancolía
tú, los seres que anima la alegría
    no vas a adormecer;
porque eres el consuelo de las almas
que del martirio las brillantes palmas
    lograron obtener.
Por ti en los aires resonó mi acento,
y para dar un generoso aliento
    al pobre corazón,

alguna vez la Patria bendecida
benévola me escucha sonreída
   y aplaude mi canción.
No pido más. Bien pueden los dolores
destrozar sin piedad las bellas flores
   de la ilusión que amé;
que jamás bajo el peso que me oprime
mientras un rayo de virtud me anime
   la frente inclinaré.

1874

Gratitud

A mi buen amigo el distinguido poeta
Federico Henríquez y Carvajal.

¡Oh, cuán grato es para el alma
    una voz amiga oír!
¡Oh, cuán grato es para el alma
    de amistad en dulce calma
una ofrenda recibir!

Yo escuché tu blando acento
    con vivísima emoción;
yo escuché tu blando acento,
    y expresarte lo que siento
no pudiera mi canción.

¡Ah! Perdona si una ofrenda
　　no hallo digna para ti;
¡Ah! Perdona si una ofrenda
　　de la tuya en rica prenda
yo no vengo a darte aquí.

Auras libres, ecos graves,
　　dadle acordes al laud;
auras libres, ecos graves,
　　id, y al bardo en tonos suaves
murmurad mi gratitud.

1874

16 de Agosto

Tendida muellemente
sobre su lecho de flotante espuma,
sin ver la densa bruma
que el cielo de sus glorias envolvía,
Quisqueya en abandono, indiferente,
al rumor de sus olas se adormía.

Y en su fugaz letargo
no vio de la ambición la hidra gigante,
por un metal brillante
honor sacrificando y patriotismo,
un porvenir en esperanzas largo
hundir, ¡oh Dios! en el profundo abismo.

Cual fatigado atleta
cayó de Libertad la fiel divisa;
del trópico la brisa
triste plegó sus alas sin mancilla,
por no agitar, al discurrir inquieta,
el pabellón extraño de Castilla.

Salomé Ureña de Henríquez

Del libre la alta palma
destrozada inclinó la erguida frente;
el pecho del valiente
de secreto dolor se estremecía;
Quisqueya, en tanto, en aparente calma
al rumor de sus olas se adormía.

Mas, de arrogancia lleno,
dicta el ibero servidumbre y muerte
por ley al pueblo fuerte,
y Quisqueya sacude su desmayo
al oprimir su delicado seno
el arnés de los hijos de Pelayo.

Levántase indignada
buscando el lema con su sangre escrito;
y a su potente grito
—presintiendo el baldón de su fortuna—
temblaron las legiones que en Granada
miraron a sus pies la media-luna.

Osténtase en la liza
de la Cruz el magnífico oriflama;
en pos de eterna fama
se agrupan a su sombra mil leales,
cuyos triunfos que el tiempo inmortaliza
fatigaron los ecos nacionales;

Y el grito de victoria
se extendió por el valle y la montaña,
y en vano, en vano España
sofocarlo intentó con su bravura,
que Quisqueya en los campos de la gloria
a su orgullo cavó tumba segura;

Y cual ejemplo fiero
y escarmiento tal vez de otras naciones,
por tierra los pendones,
confusas, destrozadas y vencidas,

vuelta la faz al aterrado ibero,
devolvióle sus huestes aguerridas.

¡Honor, eterna gloria
de Agosto a los gigantes adalides
que en desiguales lides,
luchando con la fe del patriotismo,
la grandeza volvieron a su historia
dando ruda lección al despotismo!

De lauros mil ceñida
por ellos hoy la Patria alza la frente,
y con afán ardiente
bañada por el sol de la esperanza
en pos de nueva luz, de nueva vida,
al porvenir intrépida se lanza.

1874

¡Padre mío!

Muda yace la alcoba solitaria
donde naciste a la existencia un día,
do desdeñando la fortuna varia
tu vida entre el estudio discurría.

¡Ay! De una madre en el regazo tierno
por vez primera te adormiste allí,
y allí, de hinojos, tu suspiro eterno
entre sollozos tristes recogí.

Hoy al entrar en tu mansión doliente
donde reina silencio sepulcral,
nadie a posar vendrá sobre mi frente
el beso del cariño paternal.

Ninguna voz halagará mi acento,
ni un eco grato halagará mi oído,
sólo memorias de tenaz tormento
tendré a la vista de tu hogar querido.

Sí, que a la tumba descender te viera
tras largas horas de perenne afán,
horas eternas de congoja fiera
que en el alma por siempre vivirán.

Cuando de angustia desgarrado el pecho
te sostuve en mis brazos, moribundo,
cuando tu cuerpo recosté en el lecho
donde el postrer adiós dijiste al mundo;

Cuando de hinojos, anegada en llanto,
llevé mis labios a tu mano fría,
y entre tanta amargura y duelo tanto
miraba palpitante tu agonía;

Después, ¡oh Dios! cuando besé tu frente
y a mi beso filial no respondiste,
de horror y espanto se turbó mi mente...
y aún teme recordarlo el alma triste.

¡Momento aciago! Su fatal memoria
cubre mi frente de dolor sombrío;
siempre en el alma vivirá su historia,
y vivirá tu imagen, padre mío!...

Cuando las sombras con su velo denso
dejan el orbe en lobreguez sumido,
en el misterio de la noche pienso
que aún escucho doliente tu gemido;

Y finge verte mi amoroso anhelo
bajo el abrigo de tu dulce hogar,
y me brindas palabras de consuelo
y mis lágrimas llegas a enjugar.

Sombra querida que incesante vagas
en torno de la huérfana errabunda,
visión perenne que mi sueño halagas,
alma del alma que mi ser inunda;

Si de ese mundo que el dolor extraña
mi llanto has visto y mi amargura extrema,
sobre mi frente, que el pesar empaña,
¡haz descender tu bendición suprema!

1875

El ave y el nido

¿Por qué te asustas, ave sencilla?
¿Por qué tus ojos fijas en mí?
Yo no pretendo, pobre avecilla,
llevar tu nido lejos de aquí.

Aquí en el hueco de piedra dura
tranquila y sola te vi al pasar,
y traigo flores de la llanura
para que adornes tu libre hogar.

Pero me miras y te estremeces,
y el ala bates con inquietud,
y te adelantas, resuelta, a veces,
con amorosa solicitud;

Porque no sabes hasta qué grado
yo la inocencia sé respetar,
que es para el alma tierna, sagrado
de tus amores el libre hogar.

Salomé Ureña de Henríquez

¡Pobre avecilla! Vuelve a tu nido
mientras del prado me alejo yo,
en él mi mano lecho mullido
de hojas y flores te preparó.

Mas si tu tierna prole futura
en duro lecho miro al pasar,
con flores y hojas de la llanura
deja que adorne tu libre hogar.

1875

Al canónigo Presbítero F. X. Billini
Fundador del "Colegio de San Luis Gonzaga" y del "Hospicio de Beneficencia"

De admiración henchida,
al sacro fuego que mi mente inflama,
levanto conmovida
un himno fiel de gratitud sentida
que tu ejemplar abnegación reclama.

Que si mi pobre lira
calla ante el vicio y la maldad del hombre,
siempre lo grande admira;
y pues que digna tu virtud me inspira,
quiero en mis trovas celebrar tu nombre.

Tu nombre bendecido
que adora el pueblo fiel dominicano,
y siempre repetido
se escucha con amor del desvalido,
del niño tierno, del inerme anciano.

Salomé Ureña de Henríquez

Tu nombre que venera
la nueva juventud que se levanta,
de quien la Patria espera
ciencia y honor y gloria duradera,
debido al germen que tu celo planta.

Tu, con afán ardiente,
un templo elevas al saber amigo,
y la razón naciente
corre a buscar de la instrucción la fuente
bajo tu dulce paternal abrigo.

Y lleno de entereza
vas preparando, por tu amor llevado,
un trono de grandeza
al porvenir que a vislumbrar empieza
este suelo de luz, infortunado.

Espíritu sediento
que en pos del bien y la virtud caminas,
en triste abatimiento
nunca se torne el vigoroso aliento
que te da impulso en tu misión divina.

Tan ejemplar desvelo
bien de los hombres y alto honor merece;
pero tu noble anhelo
tiende más lejos su gigante vuelo,
y albergue y pan a la indigencia ofrece.

Genio de paz sublime
que alivio das con tus virtudes bellas
al que en angustias gime
a cada paso que tu planta imprime
dejas grabadas de tu amor las huellas.

Ministro digno y santo
del Dios de caridad Omnipotente,
que calmas el quebranto

y das consuelo al llanto
de la afligida humanidad doliente;

Si grato es a tu alma
el respeto de un pueblo que te admira,
contempla en dulce calma
de tanto afán la merecida palma,
y oye el aplauso que tu nombre inspira.

Escucha en tu alabanza
la voz de gratitud que al cielo sube,
y el himno de esperanza
que alza la Patria y hasta Dios avanza,
cual del incienso vaporosa nube.

1875

Ruinas

Memorias venerandas de otros días:
soberbios monumentos,
del pasado esplendor reliquias frías,
donde el arte vertió sus fantasías,
donde el alma expresó sus pensamientos:

Al veros, iay! con rapidez que pasma
por la angustiada mente,
que sueña con la gloria y se entusiasma,
discurre como aligero fantasma
la bella historia de otra edad luciente.

iOh Quisqueya! Las ciencias agrupadas
te alzaron en sus hombros
del mundo a las atónitas miradas,
y hoy nos cuenta tus glorias olvidadas
la brisa que solloza en tus escombros.

Salomé Ureña de Henríquez

Ayer cuando las artes florecientes
su imperio aquí fijaron
y creaciones tuvistes eminentes,
fuiste pasmo y asombro de las gentes
y la Atenas moderna te llamaron.

Águila audaz que rápida tendiste
tus alas al vacío
y allá sobre las nubes te meciste.
¿Por qué te miro desolada y triste?
¿Dó está de tu grandeza el poderío?

Vinieron años de amarguras tantas,
de tanta servidumbre,
que hoy esa historia al recordar te espantas,
porque inerme, de un dueño ante las plantas,
humillada te vio la muchedumbre.

Y las artes, entonces, inactivas
murieron en tu suelo;
se abatieron tus cúpulas altivas,
y las ciencias tendieron fugitivas
a otras regiones, con dolor, su vuelo.

¡Oh mi antilla infeliz que el alma adora!
Doquiera que la vista
ávida gira en su entusiasmo ahora,
una ruina denuncia acusadora
pasadas glorias de tu genio artista.

¡Patria desventurada! ¿Qué anatema
cayó sobre tu frente?
Levanta ya de tu indolencia extrema:
la hora sonó de redención suprema
Y ¡ay si desmayas en la lid presente!

Pero, vano temor: ya decidida
hacia el futuro avanzas;
ya del sueño despiertas a la vida,

y a la gloria te vas engrandecida
en alas de risueñas esperanzas.

Lucha, insiste, tus títulos reclama:
que el fuego de tu zona
preste a tu genio su potente llama,
y entre el aplauso que te dé la fama
vuelve a ceñirte la triunfal corona.

Que mientras sueño para ti una palma
y al porvenir caminas,
no más se oprimirá de angustia el alma,
cuando contemple en la callada calma
la majestad solemne de tus ruinas.

1876

Para la distribución de premios
del "Colegio de San Luis Gonzaga."

¡Levanta, musa mía,
tus alas al alcázar de la gloria,
y arranca a la armonía
un himno de esperanza y de victoria!

Un himno que pregone
las conquistas del bien y la constancia,
y el triunfo galardone
con que ufana y feliz brilla la infancia.

La infancia que estudiosa
de este plantel en el honroso gremio,
sonriendo venturosa
recibe de su afán el alto premio;

La infancia, tierna planta,
que oculto el germen del futuro lleva,
y crece y se levanta,
y a las regiones de la luz se eleva.

Ya irradia en lontananza
iris de paz que el porvenir colora,
y rayos de esperanza
de la niñez en su primera aurora.

Salomé Ureña de Henríquez

Seguid, alumnos tiernos,
del ardua ciencia la segura vía,
que lucen siempre, eternos,
los triunfos del saber con lumbre pía.

Y tú, varón egregio,
que con rara entereza y virtud tanta,
encumbras el Colegio
que de dos lustros la cerviz quebranta;

No dejes las regiones
del pueblo fiel donde tu amor reside,
ni al huérfano abandones
que en desamparo protección te pide.

¿No sabes que al abrigo
del insigne plantel que así diriges
para este suelo amigo
templo de luz y de esperanza eriges?

¿No sabes que tu nombre
repite acorde el nacional murmullo,
y te proclama el hombre
prez de la Iglesia y de la Patria orgullo?

De gozo el pecho expande
que el error pasa como niebla oscura,
y refulgente y grande
la memoria del bien vive y perdura.

¡De amor y paz caudillo!
Prosigue la ardua empresa que te inflama,
que así a tu afán das brillo
y gloria a Dios y a nuestra antilla fama.

1876

En la muerte
de María Isabel Rodríguez de García

¡Murió! Triste en mi oído
ese lamento lúgubre resuena
por un eco doliente repetido.
¡Murió! La brisa gime...
voló radiante a la mansión serena
del eterno reposo su alma justa;
que aquí en la tierra, de virtud sublime,
cumplida estaba su misión augusta.

¡Alma llena de angélica ternura!
¡Cuánta lágrima, cuánto sollozo
de afán y de amargura
acompaña tu viaje misterioso!
Tu ingénita bondad, tu trato afable
que la amistad desconsolada llora,
harán eterna tu memoria amable
para esta sociedad que, en duelo ahora,
tu pérdida lamenta, irreparable.

Salomé Ureña de Henríquez

Allá en las horas de la infancia mía,
joven, alegre, cariñosa y buena,
ornada de virtudes te veía,
de orgullo libre, de ambición ajena:
yo vi cuando ataviada
de boda con el traje reluciente,
de juventud radiante, y coronada
de purísimas flores la alba frente,
ante el ara nupcial fuiste llevada.
Madre te vi después en grata calma
rodeada de tu prole bulliciosa
abrir a tanta dicha libre el alma;
y amante, amada y excelente esposa,
del respeto del mundo protegida
gozar en paz de tu ventura cierta.
Luego... cercada de aflicción y lloro,
a mi atónita vista sorprendida
apareces inmóvil, muda, yerta,
rotos de tu existir los suaves lazos,
sorda al clamor del inocente coro
que en vano busca tus maternos brazos.

En vano, iay Dios! en vano,
extinto yace el corazón que ufano
en bien fecundo y en piedad constante
de la virtud a impulsos latió un día;
y amor, y dicha, y juventud brillante,
todo lo guarda ya la tumba fría.

Lloremos, iay! el ánimo intranquilo
gime acatando del destino el fallo,
que en el hogar, de la aventura asilo,
cual iracundo rayo
descargó de la muerte la inclemencia,
y horfandad y viudez dejó en herencia.

Mas, no; isilencio! del pesar profundo
cese en los aires el clamor perenne;
no vaya a interrumpir la voz del mundo

de su sueño eternal la paz solemne.
Dichosa el alma generosa y pura
que en el amor del bien su dicha encierra,
que llena de ternura
como un ángel de paz cruza la tierra
digna aureola de virtud ciñendo;
y de este valle de aflicción y luto
al éter ascendiendo,
ilamento general lleva en tributo!

1876

Impresiones
Al distinguido poeta J. J. Pérez, autor de las "Fantasías Indígenas"

Quejas del alma, vagos rumores,
lejanas brumas, rayos de luz
fragante aroma de índicas flores,
himnos de guerra, cantos de amores,
brotan al ritmo de tu laud.

¿Quién, recorriendo tus *"Fantasías"*
hijas del trópico abrasador,
vibrar no siente las armonías
de aquella raza que en otros días
poblar sus selvas Quisqueya vio?

Sobre la cumbre de las montañas,
de las palmeras bajo el dosel,
al grato abrigo de las cabañas,
y hasta en las grutas al hombre extrañas
haces del indio la sombra ver.

Y el aire cruza triste lamento,
y el eco suena del tamboril,
y al valle indiano, y al ave, al viento,
a todo presta tu blando acento
fuego, armonía, vida y matiz.

Y el junco verde que en la onda gira,
la tumba sola que arrulla el mar,
y el ave errante que allá suspira,
notas perennes dan a tu lira,
tristes historias llenas de afán.

Entre sus bosques afortunados
no escuchó nunca la indiana grey
dulces areitos tan acordados,
como tus cantos privilegiados,
vagos preludios de ignoto edén.

Parece, bardo, que el genio ardiente
de estas regiones habitador,
templó tu lira suave y doliente,
y en viva lumbre bañó tu frente
dando a tus ritmos inspiración.

Que si inspirado suena tu canto
poblando aéreo la soledad,
ávida el alma te sigue, en tanto
que dulces notas de nuevo encanto
fascinadoras haces vibrar.

Cuando al transporte del numen cedes,
cuando tu mano pulsa el laud
y a la armonía fácil excedes,
iay, quién pudiera como tú puedes
dar a sus trovas música y luz!

Pues de una fama ya merecida
tus "Fantasías" vuelan en pos,
mientras acepto reconocida

de esos cantares llenos de vida
con noble orgullo la ofrenda yo;

¡oh de la patria de Anacaona
cantor amante, bardo feliz!
Ciñe con flores de nuestra zona,
la que prepara digna corona
para tus sienes el porvenir.

1877

27 de Febrero

¡Oh, fecha generosa
que el patriota saluda y reverencia,
en que libre flotara victoriosa
la enseña de la patria independencia!

En que a la voz de fama,
de *Dios y Libertad*, el fuerte acero
requiriendo a la lid, que el pecho inflama,
triunfar o perecer juró el guerrero.

Y la servil librea
al desechar audaz, con ira santa,
entre aplausos de asombro, gigantea,
espléndida Quisqueya se levanta.

¡Venciste, oh Dios, qué gloria!
¡Venciste Patria! Y tu preclaro nombre
con destellos de luz graba la historia,
y te tributa admiración el hombre.

Mas, iah! piensas que basta
ese triunfo de hazañas y grandezas
a más altura tu bandera enasta,
de otra lucha te aguardan las proezas.

Convoca tus legiones
no ya al festín de la matanza fiera,
sino a la santa lid de las naciones
donde el talento vencedor impera;

Donde el soldado errante
su ingénito valor, su fuerza augusta,
templa del orden al respeto amante,
y del trabajo en la gallarda justa.

Tus campos sin cultivo
que se dilatan bajo un sol de fuego,
en su vigor aguardan primitivo
de fecundante paz el blando riego.

Aguardan del celoso
y activo agricultor, vastos plantíos,
que tu crédito alzando poderoso
te den aliento y esperanza y bríos.

De la segur al filo
dobleguen la cerviz tus selvas graves,
para dar a los pueblos un asilo,
vida al comercio y a los puertos naves.

¡Ay! Abre nuevas sendas
que se levanta el sol y el iris raya,
y el Progreso benéfico sus tiendas
viene a sentar en tu desierta playa.

Acoge al huésped regio
que a ti se acerca recorriendo climas,
y albergue digno a su esplendor egregio,
presurosa levántale en tus cimas.

Acude, que la suerte
le conduce feliz a tus regiones;
y grande, y libre, y poderosa, y fuerte,
de la industria llevando los blasones;

La que hoy en tus baluartes
enseña nacional la brisa ondea,
tremolando en el templo de las artes
de nueva gloria monumento sea.

1877

A la niña I. A. C.
Con motivo de haberme dedicado su leyenda "Higuenamota"

Cándida niña, la de alma grande,
la de entusiasta numen feliz,
la que a mis playas grata llegando,
goza, admirando
el cielo hermoso de mi país;

La que en mis bosques embalsamados
ricas esencias bebe al pasar,
y, temerosa, mira fervientes
las imponentes
olas que encumbra mi altivo mar;

La que en la historia de mi Quisqueya
sus tradiciones buscando fiel,
tiende al pasado la fantasía
y al alma mía
página tierna viene a ofrecer;

¿Sabes acaso que al patrio suelo
perenne culto rinde mi amor?
¿Sabes que todo cuanto atesora
férvido adora
con fiel delirio mi corazón?

¿Sabes, ¡oh niña! que amante siempre
de Patria el nombre con tierno afán,
trémulo el labio murmura al viento,
y el pensamiento
siempre con ella soñando va?

¿Sabes que gimo cuando ella gime?
¿Que si en su frente rayo gentil
de dichas luce cual mensajero
con ella espero
triunfos y lauros del porvenir?

¡Oh sí lo sabes! Tú que me brindas
con voz del alma, con tierna fe,
las impresiones arrobadoras
que en dulces horas
pudo inspirarte mi patrio edén.

¡Oh sí lo sabes! Tú que en la historia
de su pasado triste y fatal,
inspiraciones tiernas hallando,
grata, enlazando
con ellas, niña, mi nombre vas.

¡Guárdete el cielo tu generoso,
tu puro acento blando y sutil!
Como el suspiro del aura errante,
del pecho amante
las fibras todas hizo latir.

¡Oh, si pudiera recompensarte
las emociones de ignoto bien,
la paz serena, la suave calma

que allá en el alma
tu ofrenda santa supo verter!

Mas, sólo puedo, cuando en mi oído
voces del cielo murmuras tú,
del puro idioma del sentimiento
débil acento
darte en las notas de mi laud.

1877

La llegada del invierno

Llega en buen hora, mas no presumas
ser de estos valles regio señor;
que en el espacio mueren tus brumas
cuando del seno de las espumas
surge el planeta de esta región.

En otros climas, a tus rigores
pierden los campos gala y matiz;
paran las aguas con sus rumores,
no hay luz ni brisas, mueren las flores,
huyen las aves a otro confín.

En mi adorada gentil Quisqueya
cuando el otoño pasando va,
la vista en vano busca tu huella,
que en esta zona feliz descuella,
perenne encanto primaveral.

Salomé Ureña de Henríquez

Que en sus contornos el verde llano,
que en su eminencia la cumbre azul,
la gala ostentan que al suelo indiano
con rica pompa viste el verano
y un sol de fuego baña de luz;

Y en esos campos donde atesora
naturaleza tanto primor,
bajo esa lumbre que el cielo dora,
tiende el arroyo su onda sonora
y alzan las aves tierna canción.

Nunca abandonan las golondrinas
por otras playas mi hogar feliz;
que en anchas grutas al mar vecinas
su nido arrullan, de algas marinas,
rumor de espumas y auras de abril.

Aquí no hay noches aterradoras
que horror al pobre ni angustia den,
ni el fuego ansiando pasa las horas
de las estufas restauradoras
que otras regiones han menester.

Pasa ligero, llega a otros climas
donde tus brumas tiendas audaz,
donde tus huellas de muerte imprimas;
que aunque amenaces mis altas cimas,
y aunque pretendas tu cetro alzar;

Siempre mis aguas tendrán rumores,
blancas espumas mi mar azul,
mis tiernas aves cantos de amores,
gala mis campos, vida mis flores,
mi ambiente aromas, mi esfera luz.

1877

La fe en el porvenir
A la Sociedad "Amigos del País"

Cual gladiador valiente
que al circo peligroso se abalanza
y lidia tenazmente
trémulo de valor y de esperanza,
y sólo cesa en la tremenda lucha
cuando aclamarse vencedor escucha;
tal de entusiasmo llena
se lanza audaz la juventud fogosa
con pecho firme en la vital arena.
El alma generosa
de impaciencia y ardor estremecida,
rasgar intenta del futuro el velo,
penetrar los misterios de la vida,
salvar los mundos, escalar el cielo.

Salomé Ureña de Henríquez

Eterna soñadora
de triunfos y grandezas inmortales,
con viva luz sus horizontes dora.
Decidle qué ideales
son los portentos que su mente crea,
que es vana la esperanza que le agita:
triunfante al orbe mostrará su idea
si le infunde valor la fe bendita.

¡Ah! No la detengáis; dejad que ardiente
de su noble ambición el rumbo siga;
dejadle al cielo levantar la frente,
dejad que un rayo de esa lumbre amiga
su corazón encienda,
y la veréis inquebrantable, osada,
por el honor y la virtud llevada,
lauros segar en espinosa senda.

Si el arte peregrino
con sus prodigios mágicos le alienta,
dejadla proseguir en su camino;
que allá a lo lejos brilladora palma
un futuro de gloria le presenta,
y a conquistarla volará su alma.

Si al campo de la ciencia
con entusiasta admiración le guía
sedienta de saber su inteligencia,
espacio dadle, y triunfadora un día
veréis cual se levanta
leyes dictando a la creación entera,
la tierra sujetar bajo su planta,
y medir de los astros la carrera.

Dejadle proseguir. ¡Ay del que nunca
sintió inflamarse en entusiasmo santo
y de la Patria la esperanza trunca!
Miserable existir, inútil vida
la que se aduerme en el error, en tanto

que en lucha activa se estremece el mundo
siguiendo tras la luz apetecida
de gloria y bienestar germen fecundo.

Avanza ¡oh juventud! lucha, conquista
del bien supremo la eminente cumbre,
tiende al futuro la impaciente vista,
y a la fulgente lumbre
que allá te muestra tu inmortal anhelo;
con la virtud por guía
sigue inspirada de tu mente el vuelo
y llévete do quieras tu osadía.

Atleta infatigable
del bien y el mal en la contienda ruda,
te alzarás invencible, formidable,
si el entusiasmo, si la fe te escuda.
Que atraviese tu voz el aire libre
las almas convocando la victoria;
tuya es la lucha del presente aciago,
tuya será del porvenir la gloria.

1878

En la muerte

del esclarecido patriota Ulises F. Espaillat
Ex-Presidente de la República

¿Qué acento de amargura
del Yaque basta el Ozama, en raudo vuelo,
cruza en el viento que gimiendo pasa?
¿Qué nueva infausta difundir procura?
¿Qué nuevo desconsuelo,
qué angustia nueva el corazón traspasa
y a Quisqueya infeliz cubre de duelo?

Nuncio de muerte y luto
que al alma libre estremeciendo llega
y una lágrima fiel pide en tributo:
llanto de amor con que la tumba riega
del hombre esclarecido,
el pueblo en sus entrañas conmovido.
Sí, que la noche eterna

cayó sobre la frente del patriota,
del alma inmaculada y grande y tierna.
Por eso el llanto de los ojos brota,
y la Patria laméntase, no en vano
y acongojada en su dolor se agita,
que ha perdido el deber un ciudadano
y un defensor la Libertad bendita.
¡Oh Patria sin ventura!
¡Cómo sucumben los que el pecho fuerte
supieron con bravura
exponer en defensa de tu suerte!
¡Cómo sucumbe el adalid preclaro
que a restaurar tus fueros,
en tus horas de triste desamparo,
a salvarte voló con los primeros!
Soldado de la Patria generoso,
nunca rindió su corazón honrado
de honores ni de mando codicioso.
Si el triunfo deseado
su esfuerzo coronó y heroico empeño,
gozarlo quiso en el hogar tranquilo,
y de sí mismo y de sus obras dueño,
haciendo el bien sin esperar renombre,
a la par le siguieron en su asilo
la admiración y la maldad del hombre.
¡Ah! Cómo yaces desolada y triste,
¡oh Patria de los grandes, oh, Quisqueya!
¡Cómo en tu frente que la sombra viste
la desgracia y el mal graban su huella!
¡Abate el pabellón de las victorias
que se desploman con fragor violento
las soberbias columnas de tus glorias!
Y el que fue timbre tuyo y ornamento
no habita ya tus lares,
ejemplo a las virtudes militares;
ni ya su diestra mueve
la pluma que dictó consejos sabios,
ni más responde a la calumnia aleve
con la paz y el perdón sobre los labios.

Si tuvo Cincinatos
de memoria ejemplar la Roma libre,
fecundo en rasgos de virtud innatos,
arrebatado vibre
del egregio varón dominicano
más claro el nombre en el confín lejano.
Quisqueya, tú que un día
le alzaste en triunfo a presidir tu suerte
y admiraste su honor y su hidalguía,
ven y en su tumba vierte
las lágrimas de amor, las bendiciones
que merecen los grandes corazones.
Inclínate y escucha:
del seno de esa tumba esclarecida,
se eleva conmovida
voz que la unión y la concordia clama,
y los males deplora de tu lucha
y al goce de la paz tus hijos llama.
Restaña tus heridas
de la civil discordia fruto aciago;
levanta tus miradas abatidas,
mira del porvenir el fiero amago
que amenaza tal vez con golpes ciertos
convertir tus ciudades en desiertos
y tus campiñas en sangriento lago.
¡Ah! Si el dolor pudiera
del yugo redimirte con que fiera
la furia del error tu frente oprime
de tus timbres gloriosos en ultraje,
hoy ofrecieras al varón sublime
la paz del porvenir en homenaje.
¡Y no! Que sorda al ruego
la senda propia del abismo marcas,
pábulo dando al devorante fuego
que consume tus fértiles comarcas.
mas yo, que en mi quebranto
la esperanza del bien para ti aliento,
y conmovida tus victorias canto
y tu dolor lamento,

sigo esperando con tenaz porfía
de paz el claro día,
y rindo al justo en despedida eterna
de ardiente gratitud lágrima tierna.

1878

A Quisqueya
Leída en la conferencia literaria del 18 de mayo, celebrada por la Sociedad "Amigos del País"

¿Será que al grito solo
del combate feroz estremecida,
valor y fuerza y vida
despliegues iay! con insensato alarde,
mientras cunde la luz de polo a polo
y en noble sed el universo arde?

¿No sientes cual se agita
en sus cimientos conmovido el orbe,
y sin que nada estorbe
del genio activo el vigoroso vuelo,
en pos de la verdad se precipita
de la ignorancia desgarrando el velo?

¿Por qué tú sola yaces
insensible a esa vida de victorias,
de perdurables glorias,
a ese triunfo inmortal del pensamiento,
y del bien a la lucha no renaces
y sigues del progreso el movimiento?

Contempla las naciones
en muchedumbre férvida agruparse,
ufanas levantarse
y de entusiasmo y de confianza llenas,
del arte y de la industria los blasones
en justa lid a disputar serenas.

¿No ves? Las que cobija
con su palio de luz la ardiente zona,
las que eternal corona
ciñen del norte los perennes hielos,
con la mirada en el futuro fija
confunden en un punto sus anhelos.

Y todas, en la frente
de esperanza feliz llevando un rayo
en generoso ensayo
las fuerzas nobles del talento miden,
y la palma conquistan eminente
y víctores los ámbitos despiden.

Tú sola, de ese gremio
desconocida, en tu confín vegetas,
y al yugo te sujetas
en que el error con mengua te aprisiona,
cuando el trabajo y el saber en premio
ciñen de gloria la triunfal corona.

Es esa la lid santa
en donde el siglo a combatir te reta
donde tu vida inquieta
que en contiendas inútiles se agota,

ensayando vigor y fuerza tanta
fecunde el germen que en tu seno brota.

¡Quisqueya! Tú la libre
del antillano piélago en las olas,
la que el pendón tremolas
de las naciones que la gloria exalta:
¿cuándo será que en el espacio vibre
la fama de tu gloria en voz más alta?

¿Cuándo será que altiva
regenerada por el bien te eleves,
y de tu industria lleves
al festín de los pueblos muestra rara,
y un puesto pidas en la lucha activa
en que el triunfo sus lauros te prepara?

¿Qué importa el alto nombre
con que premió la libertad un día
tu ingénita osadía?
¿Qué importa, si olvidada en lo profundo,
nunca tu historia la recuerda el hombre,
nunca tu fama la repite el mundo?

Llega con pie seguro
del templo del saber a los dinteles,
conquista los laureles
de la virtud y de la ciencia humana,
y el velo desgarrando del futuro
muéstrate al orbe de tu gloria ufana.

Entonces, de la cumbre
de la fortuna, en elevado asiento,
tendiendo el pensamiento
libre y seguro al porvenir lejano,
astro serás de fecundante lumbre,
de esperanzas al mundo americano.

1878

En defensa de la sociedad
A los científicos y artistas

> *Pasad, pasad por las puertas,*
> *preparad la calle al pueblo,*
> *allanad el camino*
> *y alzad el estandarte a los pueblos.*
> *(Isaías 62, 10)*

Espíritu creador, Numen fecundo,
que en incansable actividad dilatas
de tu excelso poder las maravillas,
Tú que perenne brillas
en las obras del bien, Tú que arrebatas
a regiones sin fin el pensamiento,
y extiendes con tu amor de mundo a mundo
las leyes del eterno movimiento:

¿Será que la preciada
sublime hechura de tu augusta diestra
condenes al reposo de la nada?
¿Será que aletargada
de tu activo poder ante la muestra,
en indolente ociosidad rendida
admirándote ¡oh Dios! pase la vida?

No, despertad los que del campo ameno
en la florida alfombra
sólo buscáis al ánimo sereno
horas de paz en ignorada sombra.
Alzad los que siguiendo
de la corriente el agradable giro,
un anatema al popular estruendo
lanzáis soñando más feliz retiro.

No es el orgullo quien levanta al cielo
pirámide grandiosa
y alzar pretende a lo infinito el vuelo;
es la chispa inmortal, que poderosa
la inmensidad fatiga
y en constante anhelar y afán interno
hace que el hombre en su delirio siga
algo de grande cual su fin eterno.
El solo es quien anima
del yerto mármol la materia dura,
el que las obras del Creador sublima
en paisajes de espléndida pintura,
y al fuego fecundante de la idea
descubre mundos y portentos crea.

No todo es paz y amor, delicia grata
allá del campo en el silencio amigo,
ni en cuanto abarca la inocencia mora;
también allí la tempestad desata
su furia destructora,
el áspid en las flores tiene abrigo
y el ave de rapiña, turbulenta,

la presa entre sus garras atormenta.

No todo es vicio y confusión y horrores
entre el social tumulto;
trae ese velo de maldad y errores
luz halla el genio y el Eterno culto,
palmas el bien y la virtud loores;
de un Dios también la majestad potente
se dilata en espacios sin medida,
allí do el alma pensadora siente
bullir el mundo y palpitar la vida.
En solitaria calma
no se alza solo hasta el Creador el alma,
ni del campo en la paz siempre vivieron
los pocos sabios que en el mundo fueron.

La sociedad que avanza
sus destinos altísimos comprende,
y al ocio opone varonil pujanza
y a realizar su perfección asciende.
Es ella la que, activa,
los bíblicos asombros hoy renueva,
Moisés moderno que al desierto lleva
raudales de agua viva,
que al pueblo del Señor la senda traza
y resignado escucha
las voces de la turba que amenaza;
nuevo Josué que, en gigantesca lucha,
detiene allá en su esfera
del padre de los astros la carrera.

Por ella en lid de fama
raros prodigios el ingenio luce
y del mundo los ámbitos inflama;
al imperioso empuje de su vuelo
vencida la distancia se reduce,
divídense los itsmos,
descorren los espacios su ancho velo,
descubren sus secretos los abismos,

y preso en redes que la industria labra
lleva atónito el rayo la palabra.

Y esa es del hombre la misión sublime:
disipar del error la sombra densa,
y a la ignorancia que en tinieblas gime
llevar la luz de la verdad que piensa.
¡Oh, soñadoras almas
que en perenne quietud y paz cumplida
anheláis a la sombra de las palmas
en ocio estéril enervar la vida!
Volved, no es ese el puesto
donde el deber, la humanidad que llora,
y el mismo Dios a la inacción opuesto,
os mandan combatir hora tras hora.
Volad a las regiones
donde en lucha de honor el bien levanta
glorioso sus pendones
y a conquistar el orbe se adelanta.
¡El mundo pide luz, dadle ese rayo
que amortiguáis en criminal desmayo!

Habite ufano el labrador activo
los campos que fecunda,
mostrando al ocio esquivo
la honrada frente que el sudor inunda;
corra el audaz minero
que fatiga la tierra y arrebata
espléndido el venero
que en su seno preciado se dilata;
vuele a poblar el campo abandonado,
abriendo al porvenir dignas contiendas,
el que de ciencia y de virtud llevado
domeña la cerviz de altivos montes,
descubre nuevas sendas,
ensancha los cerrados horizontes
y del desierto hasta el confín lejano
lleva los triunfos del progreso humano.

Mas iah! los que rendidos
de la arena del mundo en el combate,
lleváis del desencanto los gemidos
al corazón que de entusiamo late,
paso a la inteligencia.
Desmayados atletas, ¡apartaos!
Y vosotros, alumnos de la ciencia
que fecundáis el caos
poblándolo de espléndidas creaciones,
no deis tregua al destino,
alzad el estandarte a las naciones,
abrid a las virtudes el camino.

1878

La transfiguración
Dedicada al Presbítero
Doctor Fernando A. de Meriño

¡Oh musa! El vuelo tiende
sobre la cumbre del Tabor radiante,
y al fuego de la llama en que se enciende
la nube centellante
alza de gloria cántico triunfante.

Y di cómo en su altura
postrado el Cristo en oración sublime
al cielo eleva la mirada pura;
mas, no el pesar le oprime
ni acongojado en su plegaria gime.

Ni el ángel mensajero
le ofrece del dolor la copa amarga,
ni del suplicio que le aguarda fiero,
la pesadumbre larga
rinde sus fuerzas, ni su mente embarga.

Salomé Ureña de Henríquez

No, que al martirio infausto
antes que humilde doblegar el cuello
de las culpas del hombre en holocausto,
dejar patente y bello
de su divinidad quiere un destello.

Mirad, al ardua cumbre
sube inspirado, con segura planta,
y deja tras de sí la muchedumbre;
que para gloria tanta,
seguido de tres sólo se adelanta.

Y llega, y prosternado
en éxtasis sublime se recrea,
y al fuego de la fe transfigurado,
su frente centellea
encendida en los rayos de la idea;

Y evoca entre el misterio,
de la pasada edad sombras gloriosas
que dóciles se inclinan a su imperio,
viniendo presurosas
homenaje a rendirle fervorosas.

Allí su talla muestra
la gigante figura enaltecida,
que a la luz del relámpago siniestra,
sobre la cumbre erguida
promulgó del Siná la Ley de vida.

Y allí el profeta ardiente,
el profeta del bien, que peregrino,
sin tregua perseguido entre la gente,
con ímpetu divino
en alas ascendió del torbellino.

Con ellos, inspirado
de su trágico fin habla el Mesías,

de Moisés toma el código sagrado
y del divino Elías
la fe de las antiguas profecías.

Y así combina el justo
los elementos de la Ley moderna,
el nuevo Credo, el Testamento augusto
que cual ofrenda tierna
legó a los hombres en memoria eterna.

¿Dó están los que sus huellas
siguieron al Tabor entusiasmados
y vieron de su faz las luces bellas?
Miradlos deslumbrados
y de asombro y pavor allí postrados.

Y en férvido arrebato
el pecho ardiendo en sacrosanto fuego,
Pedro, el apóstol de la Iglesia ornato,
en exaltado ruego
la rienda suelta a su entusiasmo ciego;

Y alzar en lo eminente
de la cumbre tendidos pabellones,
pide en el rapto de su amor ardiente,
soñando en sus regiones
detener de la Ley a los varones;

Cuando quedara inerte,
mudo de asombro porque el éter baña
fúlgida nube que destellos vierte
de claridad extraña
y enciende en viva lumbre la montaña.

Y voz de eco profundo
repite como el trueno en la eminencia:
"Mirad al Hijo en quien mi gloria fundo,
mi eterna complacencia:
oíd de su palabra la excelencia."

Salomé Ureña de Henríquez

La faz contra la tierra
los Apóstoles vuelven con espanto
al eco de esa voz que les aterra;
y se disipa en tanto
de aquel prodigio el misterioso encanto.

Alzad, alzad la frente;
desierta está la cumbre centellante
que habéis de eternizar entre la gente,
y solo allí radiante
sereno al hombre Dios se ve triunfante.

Así fortalecidos
por un portento que la mente abruma
seguidle en vuestro asombro confundidos;
ni el labio ni la pluma
el brillo cuenten de su gloria suma.

Dejad que entre el tumulto
de la iracunda plebe turbulenta
blanco se mire de cobarde insulto,
y apure de la afrenta
la amarga hiel sobre la cruz sangrienta.

Dejad que el hombre ciego
desconozca su origen soberano;
que de esa sangre al generoso riego,
germinará lozano
fecundo el bien del porvenir humano.

Y luego, cuando el mundo
se encienda al rayo que en su frente brilla,
al orbe puesto en estupor profundo
cantad con fe sencilla
del Tabor inmortal la maravilla.

1878

Hecatombe

Escuchad: mi Patria un día
fue vendida al extranjero
y la enseña del ibero
en sus torres se veía.
El honor y la hidalguía,
la libertad y la gloria,
huyeron de la memoria
del pueblo dominicano,
abandonando al hispano
sus laureles y su historia.

Solo allá, con noble ardor
un grupo digno y valiente
que no doblegó su frente
al yugo del invasor,
en los campos del honor,
lleno de coraje fiero,
el pabellón de febrero
enarboló en lid apuesta,
arrojando una protesta
que oyó asombrado el ibero.

Salomé Ureña de Henríquez

Y ciego de ira se lanza
sobre el grupo decidido,
que no quiso, envilecido,
existir sin esperanza.
Ante la fatal pujanza
de aguerridos batallones,
los heroicos campeones
de la Patria desgraciada,
rindieron al fin la espada,
pero no los corazones.

Que al fin cautivos se vieron
en el combate los bravos
que al vivir de los esclavos
un fin digno prefirieron.
Y los tigres que vencieron,
porque así plugó a la suerte,
con la arrogancia del fuerte,
con insolente cinismo,
dictaron al patriotismo
una sentencia de muerte.

Y los patriotas cayeron
bajo el plomo del hispano
y el suelo dominicano
con sangre libre tiñeron.
Allí los héroes sufrieron
crudo martirio sangriento,
pero en sus tumbas el viento
con voz de venganza vibra,
despertando en cada fibra,
el nacional ardimiento.

En ese polvo sagrado,
entre esos héroes, inerte,
sucumbió el atleta fuerte,
el vencedor no premiado.
Aquel que el pendón cruzado
alzó en febrero, triunfante,

Sánchez, meteoro gigante
de nuestro cielo de gloria,
nombre que guarda la historia
con cifra de oro brillante.

Mas la sangre meritoria
que corriera en *El Cercado*,
para el español osado,
fue vil mancha infamatoria;
y los lauros de la gloria
que trajo de allende el mar,
destrozados vio rodar
en el polvo americano,
cuando el pueblo soberano
le arrojó del libre hogar.

Hoy que el glorioso estandarte
de libertad bendecida
la Primada esclarecida
tremola en cada baluarte;
Hoy, Patria, que formas parte
de los pueblos vencedores,
cuya fama entre loores
de un pueblo al otro retumba,
inclínate ante la tumba
que guarda tus defensores.

Y bendice, Patria mía,
aquella tierra empapada
con la sangre inmaculada
que a los libres dio energía.
Acaso, acaso algún día
cual fantasma funerario
que al viajero solitario
cuente ese drama sangriento,
alzarás un monumento
en ese nuevo Calvario.

1874

A mi Patria

De nuevo el arpa ensaya
un himno en tu favor, ioh Patria mía!
De nuevo el corazón que no desmaya
en su inmortal porfía,
su voz eleva que el deber alienta,
y a tus fuerzas vigor prestar intenta.

Yo sé que no importuna
mi amarga queja tu vigor cansado;
tu inquieta brisa remeció mi cuna,
y el pecho alborozado
aliento libre respiró en su esencia
y fue lo grande de tu amor la herencia.

Y arrebatada, luego,
ávida el alma recorrió tu historia;
y en el arranque de entusiasmo ciego,
espléndida tu gloria
gozosa imaginó la fantasía
que de uno al otro polo se extendía.

Mas, iah! nueva existencia
la mente absorta descubrió entre asombros
y descender te vi de la eminencia;
y triste, en tus escombros,
fui a llorar en la tarde que declina
tu muerta gloria y tu presente ruina.

Sí, que el marcial trofeo
del combate entre el polvo recogido
sólo en tus palmas triunfadoras veo;
y el lauro entretejido
que la victoria te ciñó fulgente,
sin brillo luce en tu guerrera frente.

Y por la lucha impía
que fuiste olvidas, en gallarda justa,
rival preclara de la Grecia un día,
cuando la ciencia augusta
en sus hombros te alzó, y entre loores
irradiaron al mundo tus fulgores.

¡Oh! Basta: no demandes
al genio de la lid nuevas coronas;
si acciones buscas de memorias grandes,
si lauros ambicionas,
tremola de la paz el estandarte
y abre tus campos al saber y al arte.

En el concurso egregio
de pueblos que en famosa muchedumbre
reclaman del invento el privilegio
a la esplendente lumbre
del siglo que ilumina soberano
la lucha audaz del pensamiento humano;

Allí, desierto, solo,
el puesto de tu honor con mengua miro;
mientras que vuela desde polo a polo
la fama en raudo giro

nombres llevando, y esparciendo al viento
los prodigios del arte y del talento.

De tu presente vida
nada un recuerdo a despertar alcanza:
que el pensamiento tu memoria olvida,
porque en perpetua holganza
sobre laureles de ignorado nombre
no llega a ti la admiración del hombre.

En la encendida hoguera
del sol que en tus espacios se derrama
y ardiente reverbera,
de mi entusiasmo se templó la llama,
y a su calor el alma estremecida
bebió la inspiración, la luz, la vida.

¿Y su fecundo rayo
no basta a reanimar el fuego puro
del genio vigoroso que en desmayo,
sin sueños de futuro,
tendido sobre el lecho de tus flores
en tu seno vegeta sin amores?

¡Oh, no será: despierta!
Que ya la historia tu renombre aguarda
y el himno de tu fama se concierta;
si en el progreso tarda
te mira el mundo indiferente ahora,
muévele al fin a saludar tu aurora.

Que bella, refulgente,
de ciencia y libertad corona doble
ceñir podrás a la radiosa frente,
si con empeño noble
al orbe muestras de virtud en prenda
la paz del porvenir en digna ofrenda.

1878

Quejas

Te vas, y el alma dejas
sumida en amargura, solitaria,
y mis ardientes quejas,
y la tímida voz de mi plegaria,
indiferente y frío
desoyes, ¡ay! para tormento mío.

¿No basta que cautiva
de fiero padecer entre las redes
agonizando viva?
¡Ay, que mi angustia comprender no puedes,
que por mi mal ignoras,
cuán lentas son de mi existir las horas...!

Sí, que jamás supiste
cual se revuelve en su prisión estrecha,
desconsolado y triste
el pobre corazón, que en lid desecha
con su tormento rudo
morir se siente y permanece mudo.

Salomé Ureña de Henríquez

Y en vano, que indiscretos
mis ojos sin cesar, bajo el encanto
de tu mirar sujetos,
fijo en los tuyos con empeño tanto,
que el corazón desmaya
cuando esa fuerza dominar ensaya.

Deja que pueda al menos
bañándome en su luz beber la vida,
y disfrutar serenos
breves instantes en tu unión querida,
que es para mi amargura
bálsamo de purísima dulzura.

Deja que al vivo acento
que de tus labios encendidos brota,
mi corazón sediento
que en pos va siempre de ilusión ignota,
presienta enajenado
las glorias todas de su edén soñado.

¡Ah si escuchar pudieras
cuanto a tu nombre mi ternura dijo!
¡Si en horas lisonjeras
me fuera dado, con afán prolijo,
contarte sin recelos
todo el delirio de mi amante anhelo!

Mas no, que mi suspiro
comprimo dentro el pecho acongojado.
Me basta si te miro,
si la dicha y el bien sueño a tu lado,
porque tu vista calma
los agudos tormentos de mi alma.

¡Ay! Que sin ti, bien mío,
mi espíritu cansado languidece
cual planta sin rocío,

y con sombras mi frente se oscurece,
y entre congoja tanta
mi corazón herido se quebranta.

Oye mi ardiente ruego,
oye las quejas de mi angustia suma,
y generoso luego
olvida que la pena que me abruma
te reveló mi acento
en horas iay! de sin igual tormento.

Escúchame y perdona:
que ya mi labio enmudeciendo calla,
y el alma se abandona
con nuevo ardor a su febril batalla,
y débil mi suspiro
se pierde de las auras en el giro.

1879

Amor y anhelo

Quiero contarte, dueño del alma,
las tristes horas de mi dolor;
quiero decirte que no hallo calma,
que de tu afecto quiero la palma,
que ansiando vivo sólo tu amor.

Quiero decirte que a tu mirada
me siento débil estremecer,
que me enajena tu voz amada,
que en tu sonrisa vivo extasiada,
que tú dominas todo mi ser.

Por ti suspiro, por ti yo vierto
llanto de oculto, lento sufrir;
sin ti es el mundo triste desierto
donde camino sin rumbo cierto,
viendo entre sombras la fe morir.

Y con tu imagen en desvarío
vivo encantando mi soledad,
desde que absorta te vi, bien mío,
y arrebatada, sin albedrío,
rendí a tus plantas mi libertad.

Deja que el alma temblando siga
de una esperanza soñada en pos,
que enajenada su amor te diga,
mientras un rayo de luz amiga
pido al futuro para los dos.

¡Oh! ¡Si a tu lado pasar la vida
me diera el cielo por todo bien!
¡Si a tu destino mi suerte unida,
sobre tu seno de amor rendida
pudiera en calma doblar la sien!

¿Qué a mí la saña del hado crudo?
¿Qué los amagos del porvenir?
Tu amor llevando por todo escudo,
yo desafiara su embate rudo
y así me fuera grato vivir.

¡Ay! En las horas de hondo tormento
que al alma asedian con ansia cruel,
vuela en tu busca mi pensamiento,
mientras el labio trémulo al viento
tu nombre amado murmura fiel.

Ven y tu mano del pecho amante
Calme amorosa las penas mil,
¡oh de mis ansias único objeto!
Ven, que a ti sólo quiero en secreto
contar mis sueños de amor febril.

Mas no, que nunca mi amante anhelo
podré decirte libre de afán;
gimiendo a solas, en desconsuelo,

cual mis suspiros, en raudo vuelo,
mis ilusiones perdidas van.

Tuya es mi vida, tuya mi suerte,
de ti mi dicha pende o mi mal;
si al dolor quieres que venza fuerte,
sobre mi frente pálida vierte
de tu ternura todo el raudal.

1879

Con motivo del hallazgo de los restos de Cristóbal Colón.
Dedicada a mi ilustrado compatriota Emiliano Tejera.

¡Silencio! Que ya opreso
siento latir el corazón herido
de tantas emociones bajo el peso.
Silencio, sí; dejad que estremecido
el espíritu libre se remonte
de luz ansioso, de verdad sediento,
y busque sobre el viento
el espacio, la esfera, el horizonte,
donde el humano orgullo
vencido acalla su falaz murmullo.

Levanta victoriosa
la egregia frente de entusiasmo llena,
¡oh Patria de mi amor! Cuna famosa
del mundo americano;
álzate ya con majestad serena,
que la calumnia en vano
a ti sus dardos con empeño lanza
ante el orbe asombrado que te admira;
en vano, que no alcanza
su encono fiero, que desdén inspira,

tu honor a mancillar: luciente, claro,
como el astro que fúlgido amanece
rasgando sombras en triunfal camino,
así brilla, y se eleva, y resplandece,
ceñido de esplendores tu destino.
¿Qué voz, que humano acento
digno será de discantar al mundo
el sin igual portento?
En pobre tumba que ignoró la historia
y próvido el olvido
en silente quietud guardó profundo,
sin mármoles, sin nombre, sin memoria,
durmieron en descuido
los despojos del nauta esclarecido.
Y el voto se cumplió; cumplióse entera
del genio audaz la voluntad postrera.
Propicia la fortuna
tumba concede al genovés marino
del nuevo mundo en la preclara cuna.
¡Oh Patria! Eleva al cielo
el hosanna triunfal con gozo vivo;
gózate ya sin pesadumbre alguna
en tu gloriosa suerte; que si alarde
de insensato poder haciendo altivo
ruge el despecho con furor cobarde,
y el férvido clamor de tu entusiasmo
y tu impaciente anhelo
con acentos recibe de sarcasmo,
atónita la historia
sus fastos abre a consignar tu gloria.

Del Támesis al Volga, al Rhin, al Tibre,
al Marañón, al Niágara potente,
un himno cruza en el espacio libre;
himno de amor, de gratitud ferviente
que acordes te levantan
pueblos que al orbe tu victoria cantan.
¿No escuchas? En el viento
voz que domina la algazara impía,

responde placentera
al hondo grito, al indecible acento
de asombro y alegría
que estremecido conmovió la esfera,
cuando en el rapto de emoción dichosa,
triunfante, la preciosa
urna sagrada que el despojo encierra
del nauta peregrino,
al secreto arrancaste de la tierra,
y en súbita locura
¡Colón! clamaste, y resonó en la altura.

¿Qué mucho que en su saña
contra ti se levante el error necio
si al genio mismo se atrevió engreído
con risas de desprecio
y condenarlo pretendió al olvido?
Mas iay de su arrogancia!
Vencer no pudo la tenaz constancia;
ni estorbo ser a que tras lucha rara
firme y audaz el genovés piloto,
del hemisferio ignoto
las extensas regiones saludara,
tu nombre sin mancilla
también, ioh Patria! lucirá radiante,
que pasa el tiempo y el error se humilla
y eterna la verdad surge triunfante.

No será, no, que la injusticia intente
la historia dominar, haciendo al hombre
postrar el alma, doblegar la frente
sobre un sepulcro de mentido nombre:
no será, no, sin que el heróico aliento
de la santa virtud, noble ardimiento
al corazón infunda
de cada pecho que en el bien se inflama,
y al fuego de su llama   ·
la fábrica del mal tiemble y se hunda.

¡Colón, genio preclaro!
¡De la ciencia y la fe mártir sublime!
¿Qué destino fatal, que numen raro
persigue tu memoria
y se complace en abatir tu gloria
y el polvo mismo de tu ser oprime?
Un nombre inmerecido
tu mundo lleva, y a sepulcro extraño,
con lauros tuyos, imprevisto engaño
favoreció rendido.

Mas ¡ah! que en dulce calma
tras el duelo y la lucha y la porfía
Quisqueya te contempla en su regazo.
¡Quisqueya! La que un día
la palma de tu amor tuvo por suerte
y por herencia santa esos despojos.
La que de angustia, inerte,
regó con llanto tu memoria egregia,
cuando en hora fatal vieron sus ojos
llevar en pompa regia,
los restos ignorados
con tu nombre a su seno arrebatados.

¡Colón! Duerme al abrigo
del suelo de tu afán, mi patria bella,
y paz le brinde tu recuerdo amigo
en sus noches de angustia y de querella:
tu aliento soberano
avive de su fe la llama pura,
la esperanza del bien que al soplo insano
de la desgracia trémula vacila;
y con paterno amor, desde la altura
donde tu alma entre esplendores vuela,
el mal ahuyenta de la edad futura,
por los destinos de tu antilla vela.

1879

A la música
Con motivo de un concierto dado por el profesor Carlos A. Serrano

¡Espíritus de luz y de armonía!
En torno de mi frente
las alas agitad, y el alma ardiente
con vencedor arranque en su porfía
allá del éter por la esfera ignota
al himno universal lleve su nota.

Arte divino ioh Música! el idioma
de lo infinito eres
el solemne concierto que los seres
alzan acordes cuando el alba asoma
y vida nueva por doquier imprime,
tu gloria canta y tu poder sublime.

Mas que ¿dónde no vibra y se dilata
con majestad extrema
tu omnipotente voz, tu voz suprema?
El universo conmovido acata
tu ley de amor que los espacios llena
y los orbes dirige y encadena.

Salomé Ureña de Henríquez

Al soberano acento, de la nada
apareció a la vida
radiante la creación estremecida;
y en rápida carrera concertada
mundos poblaron la extensión vacía
ligados por incógnita armonía.

Y llenan del espacio las regiones
sonidos inmortales,
preludio de las voces celestiales,
palpitantes, ignotas vibraciones
que absorta el alma a percibir alcanza
en horas de ilusión y de esperanza.

Del alba en los destellos peregrinos,
en el murmullo leve
del aura errante que las flores mueve,
del ave amante en los alegres trinos,
del llanto matinal en cada gota,
palpita el ritmo de tu ardiente nota.

Y palpita en la voz de la tormenta,
del mar en el bramido,
del rayo en el terrífico estallido,
del cráter en la cima turbulenta,
y el hombre, que te admira en todas partes
tu solio encumbra a dominar las artes.

Tu atmósfera sublime vivifica
el espíritu grande;
tu acento grave el entusiasmo expande,
y el genio que tus ecos centuplica
en ardorosa inspiración se enciende,
y tus secretos íntimos sorprende.

Y espléndido, elevándose a la altura
de la armonía suprema,
intérprete feliz, con ansia extrema,
en raudales de plácida dulzura,

recoge el himno que en el éter vaga
y con notas del cielo nos embriaga.

Y despertando en los ocultos senos
del alma adormecida,
las memorias que fueron en la vida,
con tonos de expresión y magia llenos
en éxtasis purísimo, indecible,
arranca al corazón llanto apacible.

Fija tu planta en el preciado suelo
de mi Quisqueya libre,
¡arte divino! y que tu acento vibre
llevado por el céfiro en su vuelo,
y los ámbitos llene pregonando
ya de las artes el imperio blando.

Aquí también espíritus sedientos
de ignotas armonías,
tras esas noches de dolor sombrías,
demandan tus arcanos a los vientos
para alzar, entre asombro, el soberano
himno del porvenir dominicano.

Desciende ya, que de tu voz augusta
al eco generoso,
unidos en consorcio venturoso,
vendrán las ciencias a la heroica justa,
y en Quisqueya tendrán para alto ejemplo
culto las artes y el saber un templo.

1879

El cantar de mis cantares
**Leída en una conferencia literaria que celebró
la Sociedad "Amigos del País"**

Cuando los vientos murmuradores
llevan los sones de mi laud,
con los acentos de mis amores
resuena un nombre, que de rumores,
pasa llenando la esfera azul.

Que en ese nombre que tanto adoro
y al labio acude con dulce afán,
de aves y brisas amante coro,
rumor de espumas, eco sonoro
de ondas y palmas y bosques hay.

Y para el alma que en ese ambiente
vive y respira sin inquietud,
y las delicias del cielo siente,
guarda ese nombre puro y ferviente
todo un poema de amor y luz.

Salomé Ureña de Henríquez

¡Quisqueya! ¡Oh Patria! ¿Quién si en tu suelo
le dio la suerte nacer feliz,
quién, si te adora con fiel desvelo
cuando te nombra no oye en su anhelo
músicas gratas reproducir?

Bella y hermosa cual la esperanza
lozana y joven, así eres tú;
a copiar nunca la mente alcanza
tus perfecciones, tu semejanza,
de sus delirios en la inquietud.

Tus bellos campos que el sol inunda,
tus altas cumbres de enhiesta sien,
de tus torrentes la voz profunda,
la palpitante savia fecunda
con que la vida bulle en tu ser;

Todo seduce, todo arrebata,
todo en conjunto fascinador,
en armoniosa corriente grata,
hace en tu suelo la dicha innata
y abre horizontes a la ilusión.

Y ¡ay! si oprimirte con mano ruda
quiere en su saña la iniquidad
tu espada pronto brilla desnuda,
te alzas potente, y en la lid cruda
segando lauros triunfante vas.

Naturaleza te dio al crearte
belleza, genio, fuerza y valor;
y es mi delirio con fe cantarte,
y entre lo grande siempre buscarte
con el empeño del corazón.

Por eso el alma te buscó un día
con ansia ardiente, con vivo afán,
entre las luchas y la porfía,

y entre los triunfos de gallardía
con que el progreso gigante va.

Mas iay! en vano pregunté ansiosa
si entre el tumulto cruzabas tú;
llevó la brisa mi voz quejosa,
silencio mudo, sombra enojosa
miré en tu puesto solo y sin luz.

Tú la preciada, la libre antilla,
la más hermosa perla del mar,
la que de gloria radiante brilla
huyes la senda que ufana trilla
con planta firme la humanidad.

A tu corona rica y luciente
falta la joya de más valor;
búscala presto, que ya presiente
para ti el alma, con gozo ardiente,
grandes victorias de bendición.

¡Patria bendita, numen sagrado,
raudal perenne de amor y luz!
Tu dulce nombre siempre adorado
que el pecho lleva con fe grabado,
vibra en los sones de mi laud.

Y pues que mueve nombre tan puro
de mis cantares la inspiración,
y ansiando vivo tu bien seguro,
la sien levanta, mira al futuro
y oye mis cantos, oye mi voz!

1879

ANACAONA

Nota

Hemos creído oportuno, para mejor inteligencia del lector, explicar las siguientes palabras que se hallan en el texto de la leyenda.

Areito	canto
Arijuna	extranjero
Balei	juego de pelota
Bohechío	cacique de Jaragua
Bohío	casa grande
Buitío	sacerdote
Cacicazgo	provincia o estado
Cacique	soberano
Caonabo	gobernador de Maguana
Caney	caserío
Caribe	guerrero de otras antillas
Ceiba	árbol corpulento
Coiba	tabaco
Diumba	danza
Eracra	habitación
Garavuai	nombre indígena del río Isabela
Guacanagario	gobernador de Marien
Guamiquina	jefe blanco: nombre que los indígenas dieron a Colón
Guarionex	gobernador de Maguá
Guayayuco	río Artibonito
Higuenamota	hija de Anacaona
Iguana	especie de cruadrúpedo que había en la isla
Isabela	primera ciudad fundada por los españoles
Jaragua	estado principal de la isla

Maguá	nombre de otro estado
Maguana	otro estado
Magüey	instrumento musical
Mamey	árbol
Manicatoex	cacique subalterno, hermano de Caonabo
Marien	nombre de otro estado
Navidad	la primera fortaleza que edificaron los españoles
Nitaino	cacique subalterno
Niti	departamento de la Maguana
Quisqueya	nombre de la isla
Sarovey	algodón
Santo Tomás	fortaleza de los españoles
Turey	cielo
Yaque	nombre de un río
Yaraví	canto fúnebre
Yarey	especie de palma
Zemí	dios tutelar de los indígenas

I

Tendida en las espumas
del piélago sonoro,
nacida al rayo de oro
del éter tropical;
de vida palpitante,
bellísima y lozana,
Quisqueya eleva ufana
la frente virginal.
Quisqueya, que a las nubes
encumbra sus montañas,
y guarda en sus entrañas
mineros de valor,
y entre aguas que fecundan
campiñas siempre amenas,
auríferas arenas
prodiga en su esplendor.

Donde feraces bosques
ofrecen enlazados
mil árboles preciados
en sempiterno abril,
y orgullo y ornamento
de la región indiana
la palma soberana
levántase gentil.

Salomé Ureña de Henríquez

Donde es la brisa aromas
y músicas las aves,
y emanaciones suaves
de vida y libertad
cuanto la flor exhala,
y el céfiro murmura,
e inunda con luz pura
la vasta inmensidad.

Región encantadora,
vergel de los amores
que guarda los primores
del primitivo edén.
En sus amenos campos
la paz de la existencia
sencilla la inocencia
gozar pudo también.

La indígena familia,
la raza de Quisqueya,
de su comarca bella
en posesión feliz,
miraba candorosa
pasar la vida en calma,
sin pesadumbre el alma,
sin yugo la cerviz.

La selva le brindaba
sus frutos regalados,
sus flores los collados,
sus aguas el raudal;
y pródigos, fecundos,
los senos de sus mares,
de peces a millares
riquísimo caudal.

Por la desnuda espalda
la suelta cabellera,
al aura lisonjera

flotando sin cesar,
ceñida la alta frente
de plumas y de flores,
la gloria y los amores
cercábanle a la par.

Mecidos al columpio
de hamacas vaporosas
las horas venturosas
pasaban sin temor,
gustando embelesados
en lánguido reposo
del coiba el delicioso
perfume embriagador.

A la tranquila sombra
del bosque silencioso,
el indio alzó orgulloso
su rústico caney;
y en diumbas repetidas
y juegos y cantares,
su culto y sus altares
solemnizó la grey.

Mirad esas llanuras,
mirad esas montañas,
pobladas de cabañas
indígenas ayer;
parecen desoladas
tristísima esa historia
presente a la memoria
con lágrimas traer.

II

Como la palma de la llanura
su talle airoso moviendo esbelta,
en largas ondas al aura suelta
la cabellera negra y sutil,
joven y hermosa, feliz recorre
los campos ricos de la Maguana,
una graciosa beldad indiana,
más que otra alguna noble y gentil.

La luz del genio brilla en su frente
que en torno ciñe regia corona;
toda es hechizos Anacaona,
del gran Caonabo consorte fiel.
Es su mirada serena y pura
de su nativo candor retrato,
y de sus labios el eco grato
lleva las almas en pos de él.

Salomé Ureña de Henríquez

Allá en Jaragua, región hermosa
de azules lagos y altas colinas,
donde las flores más peregrinas
su cáliz abren rico de olor;
donde una tribu privilegiada,
clara de ingenio, de forma bella,
entre la indiana raza descuella
de sus encantos por el primor;

Allí entre aromas, luz y rumores,
nació radiante la soberana
que hoy dicta leyes a la Maguana
con sus talentos, con su virtud.
De regia estirpe, sencilla, tierna,
como las flores hermosa y pura,
cruzaba ufana por la llanura
cantando alegre su juventud.

Pero Caonabo, cacique fuerte
que en las batallas lidia triunfante,
el de alto porte, grave semblante,
que airosas plumas ciñe a su sien;
le habló de amores, y así temblando
como en el árbol se agita el ramo,
tendió los brazos a su reclamo
y de Jaragua dejó el edén.

Dejó sus lagos, dejó sus bosques
del Gran cacique la noble hermana
que hoy por los valles de la Maguana
junto a Caonabo sonriendo va;
mientras su nombre lleno de fama
de tribu en tribu corre admirado,
y ante su genio privilegiado
Quisqueya toda rendida está.

Por las llanuras y las montañas
las brisas llevan ecos ardientes,
areitos dulces, notas vehementes

que van llenando la inmensidad;
Ritmos sonoros de ignoto encanto
que da a los vientos Anacaona,
ya si los hechos del bien pregona,
o de sus selvas la libertad.

Nadie ceñirse la palma puede
ni del talento ni la hermosura
a donde yergue su frente pura,
a donde se oye su voz vibrar.
Tierna paloma que de Caonabo
las iras templa con sus arrullos,
y allá entre aromas y entre murmullos
tranquila calma le da a gozar.

Él, impetuoso como el torrente,
va del peligro tras los azares;
ella en las notas de sus cantares
su fama ensalza de vencedor.
Mas cariñosa, blanda, apacible,
de los combates huye el estruendo;
gloria más digna quiere viviendo
para la dicha, para el amor.

III

De la tarde silenciosa
la luz indecisa y vaga,
dora con trémulo brillo
la cresta de las montañas,
y las aves de la selva
tristes endechas levantan;
cuando al eco misterioso
del tamboril, se va ufana
reunirse en torno al buitío
la muchedumbre compacta,
que al punto dócil acude
llena de dulce confianza,
y del zemí se encamina
a la caverna sagrada.

Ceñidas de lindas flores
van las vírgenes indianas,
y los areitos del culto
con voz dulcísima cantan,
alegres y candorosas
llevando en cestas galanas

las ofrendas que la tribu
al dios culto consagra.
Y llegan así a la gruta,
a la caverna sagrada,
donde solemne, el buitío
la ceremonia prepara.

Las ricas dádivas pone
del santuario ante las aras,
invocando reverente
del dios la clemencia santa,
y repartiendo en la tribu,
que sus misterios acata,
reliquias que oculta llevan
secreta virtud extraña.
Luego al zemí, poderoso
a consultar se adelanta,
y todo ruido se extingue,
y todo enmudece y calla,
y el oráculo terrible
la grey en silencio aguarda.

Inmóvil como el espíritu
de las tumbas solitarias,
suspenso queda el buitío,
fija la intensa mirada
en algo que él sólo puede
profundizar con el alma.
Que para él solo el destino
su denso vela desata,
y del futuro le muestra
las regiones ignoradas.
De súbito conmovido
dobla la frente angustiada,
pálida sombra de muerte
su faz venerable baña,
y a la tribu silenciosa,
que le mira consternada,
del oráculo tremendo

la cruda sentencia calla;
pero al mirarle adivinan
que suerte fatal amaga
con males y con horrores
la aborígene raza;
y hondo, profundo lamento
que el eco triste dilata,
en las bóvedas resuena
de la caverna sagrada.

Pasa un instante de angustia,
de confusión y de alarma,
y sola queda y desierta
del santuario la morada,
mientras envuelve la noche
la cresta de las montañas,
y las aves de la selva
mudas están en las ramas,
y se dispersa gimiendo
la multitud desolada.

Veloces corren las horas,
el tiempo rápido avanza,
y el augurio pavoroso
olvida la grey incauta,
que alegre torna a sus juegos,
a sus cantares y danzas,
porque ignora en su inocencia
la historia de la desgracia,
y son para ella los duelos
y las tristezas del alma,
cual las nieblas fugitivas
que coronan la montaña,
y se disipan ligeras
a los fulgores del alba.

IV

Ya la tiniebla de la noche expira,
y el indio de su choza en los umbrales
saluda el alba, y con placer respira
el soplo de las brisas matinales.

Del seno de los valles se levantan
los murmullos suavísimos del día,
que ya las aves sus amores cantan
y el espacio se puebla de armonía.

Todo es vida y frescura y luz y aroma
de Quisqueya en los mágicos pensiles;
todo matices de la aurora toma
y aliento de los céfiros sutiles.

La indígena familia entretenida
discurre por el bosque y por la playa,
y en los placeres de su dulce vida
el nuevo sol aprovechar ensaya.

Tiende la vista al horizonte vago
alborozada de inocente orgullo,
midiendo ufana, con amante halago,
el libre espacio que contempla suyo.

Mas, ¿qué súbito afán desconocido
de la cándida grey nubla el contento,
suspendiendo las voces y el ruido,
difundiendo el pavor y el desaliento?

Al suave impulso de la fresca brisa,
tendido sobre el mar allá a lo lejos,
informe objeto con terror divisa
de la luz matinal a los reflejos.

Cual si abrigara misteriosa vida
lento el fantasma con asombro avanza,
y temblando la grey despavorida
a la fuga encomienda su esperanza.

Y el misterio del mar la playa toca
del sol que expira a los postreros lampos,
y extraños seres con presteza loca
recorren del indígena los campos.

Huyendo va la grey sin rumbo cierto,
huyendo va por riscos y montañas;
mudo está el valle y el caney desierto,
el silencio domina en las cabañas.

Sólo a distancias la compacta nube
del humo que se escapa serpenteando,
nuncio de alarma por el éter sube
el terror a los ámbitos llevando.

V

De sus montañas gigantes
refugiado en la espesura,
horas de mortal pavura
ve el indígena pasar.
Y aquellos seres extraños
que el mar arrojó a su suelo,
mira en continuo desvelo
por sus campiñas cruzar.

Venciendo el terror al cabo
mueve la tímida planta,
y medroso se adelanta
y observa con avidez
al huésped desconocido,
que con semblante risueño
parece mostrar empeño
de aproximarse a su vez.

Raros dones que la vista
cautivan del pobre indiano,
el huésped le brinda ufano
con cariñoso ademán.
Y él, incauto, los recibe
lleno de gozo inocente,
y en cambio rico presente
le vuelve con grato afán.

Salomé Ureña de Henríquez

Y tornan a sus cabañas
las tribus que fugitivas
en las montañas altivas
se ocultaron con pavor.
Y renace la alegría,
y el indígena sonriendo
va sus campos recorriendo
con inocente candor.

VI

Todo es fiesta y paz y amores,
todo júbilo y placer,
y cantares, danzas, juegos
de sin par esplendidez,
en los fértiles dominios
del cacique de Marien.

Alma débil, indolente,
que del fuerte la altivez
no comprende ni conoce;
y del huésped en la sien
su corona deposita
con ingenua candidez.

En las vírgenes montañas
de su espléndido verjel,
brilla el oro codiciado
que recoge por doquier,
y del pérfido arijuna
pone siempre ante los pies.

Salomé Ureña de Henríquez

Le festeja alborozado,
le recibe en su caney,
mutua alianza, firme apoyo
perenne amistad fiel,
en festines se prometen
con vivísimo interés.

De su jefe signe incauta
la familia de Marien
el ejemplo que la guía
por la senda que después
al abismo y a la muerte
llevará la indiana grey.

Y la dicha y el contento
se disputan a la vez,
de brindarle sus favores,
y los frutos de su edén,
y las aves de sus selvas,
a los hijos del Turey.

¡Ay! Del indio que en su seno
generoso, sin doblez,
a la víbora da abrigo,
y promete ciega fe
al tirano que le halaga,
que le tiende infame red.

Deslumbrado el arijuna
en sus sueños entrevé
los riquísimos tesoros
que codicia su avidez,
y fijar su asiento quiere
de esa tribu en el edén.

Y el cacique, enajenado,
que amistad le brinda fiel,
entre víctores alegres
levantar ufano ve,

la temible fortaleza,
vil insulto a su poder.

Poderoso es el aliado,
poderoso y fuerte es,
que a sus órdenes el rayo
va con pronta rapidez
difundiendo estrago fiero,
muerte y ruina por doquier.

¡Ay del bárbaro caribe,
si con saña adusta y cruel,
pretendiere nueva guerra,
nuevos crímenes traer
a los fértiles dominios
del cacique de Marien!

Así sueña embelesado
y no alcanza, iluso, a ver
el cacique de alma débil,
siervo ya de extraño rey,
que las nubes se amontonan,
que se extingue su poder.

VII

De gallardo continente,
firme la mirada audaz,
de alma grande, belicoso
y resuelto el ademán,
altiva la frente adusta
do brillan con majestad
plumas de vivos matices
que el aura mueve al pasar,
Caonabo, el cacique fuerte
de la Maguana feraz,
manda una tribu soberbia
batalladora sin par,
celosa de sus derechos,
que no trocará jamás
por las grandezas más altas
que el mundo puede brindar
las encantadas regiones
de su agreste libertad.

Salomé Ureña de Henríquez

En ese pensil risueño
do mora la raza audaz,
por montes, valles y cumbres
la nueva cruzando va,
de que en la margen lejana
que fecunda el Garavuay,
habitan extraños seres
guerreros de blanca faz,
que el cacique de esas tierras
halaga con vivo afán,
y venera cual enviados
que el Turey manda a su hogar;
que viven como caciques
y a nadie tributo dan,
y su poder entronizan
con ruda saña fatal,
y el oro del indio abarcan,
y atropellan sin piedad
a la virgen inocente
de candoroso mirar
y a la esposa fiel, modelo
de virtud y castidad.
Así por valles y cumbres
la nueva cruzando va,
y arde ya en ira la tribu
de la Maguana feraz.

Caonabo atento, sombrío,
parece firme aguardar
no sé qué siniestro acaso,
no sé qué anuncio fatal,
y silencioso, terrible,
mira las horas pasar.
De súbito en sus montañas
de imponente majestad,
aparecer mira un día
al huésped del Garavuay,
que en busca de los tesoros
ocultos del indio va.

No es la cólera del rayo
a la de Caonabo igual,
que irresistible, tremendo,
sin compasión ni piedad,
con ruda muerte al intruso
hace su crimen espiar.
Luego los campos recorre
de la opulenta Maguá
donde Guarionex valiente
su tribu gobierna en paz,
y el espíritu guerrero
hace en su pecho inflamar,
convocándole a una lucha
de muerte o de libertad.

VIII

Ya por las selvas y las montañas
retumba el eco del caracol
que a los combates y a la victoria
llama a los indios con ronca voz.
De guerra el himno cruza en el viento,
enciende el pecho bélico ardor,
agudas flechas llenan la aljaba,
templado el arco relumbra al sol.

Y de la cumbre bajan al valle,
como pujante recio huracán,
falanges indias que a la contienda
Caonabo el fiero conduce audaz.
Ya descendiendo la noche viene,
y entre sus sombras envueltos van
a las regiones que fertilizan
las ricas ondas del Garavuay.

Que allí dormita soñando aleve
traiciones viles, crímenes mil,
el arijuna que al indio altivo
con yugo artero quiere oprimir.
Reina el silencio, cabe las chozas
del marienense pueblo infeliz,
cuando en la calma clamor siniestro
súbito llena todo el confín.

Salomé Ureña de Henríquez

Como en la selva sembrando estrago
ruge del trópico el vendabal,
así Caonabo, pujante y fiero,
sobre el contrario se arroja ya.
Gritos de muerte cruzan los aires,
cercan los indios la Navidad,
ardientes llamas al cielo suben,
todo es horrores, ruina mortal.

Entre el incendio desatentado
corre el intruso dominador,
pero le cercan flechas agudas
que van certeras al corazón.
Yace expirando la extraña turba,
reina el espanto desolador
donde contento soñaba iluso
triunfos y amores el español.

La tribu incauta y alucinada
que en sus confines guarda Marien
con su cacique vuela al socorro
del torpe aliado de alma sin fe.
Pero sus huestes Caonabo cierra,
fiero arremete contra la grey,
que en pronta fuga, de espanto llena,
despavorida corre en tropel.

Solo el cacique frente a Caonabo
viene arrostrando su ira fatal,
y el de Maguana jefe valiente
por tierra herido le hace rodar.
Mientras ardiendo crujen las chozas
de las orillas del Garavuay,
y entre siniestro fulgor de llamas
envuelta queda la Navidad.

IX

Ufano de su victoria
de Maguana el héroe va,
y el indio cruza las selvas
cantando su libertad.
Del undoso Guayayuco
traspasa el límite ya,
y sus dominios saluda
en donde todo al pasar,
los valles y las montañas,
el bosque, el ave, el raudal,
parece que enajenados
mil parabienes le dan.
Cruzando montes y montes
llega por fin al hogar
donde el amor y la gloria
le esperan con ansiedad.
Los ancianos de la tribu
del héroe al encuentro van,
y le tributan honores,
y al suelo inclinan la faz,
y le conducen en coro
con regia pompa triunfal.
Luego, radiante de gozo,
de belleza y majestad,

Anacaona la reina,
la digna esposa leal,
viene entre vírgenes bellas
que en ágil diumba fugaz,
del magüey sonoro al eco
y a los sones del timbal,
a recibir al cacique
salen con plácido afán,
moviendo palmas y plumas,
perfumándole al pasar,
y cantando con voz dulce,
en armonioso compás,
el areito en que su reina,
noble cantora sin par,
de Caonabo el alto triunfo
de la fama al viento da.
Todo es júbilo y contento,
todo regocijo y paz:
el indio a sus danzas vuelve
libre de angustia y pesar,
y eterna su dicha juzga,
y eterna su libertad;
y Anacaona en los brazos
de Caonabo en tierno afán,
soñando amores suspira,
soñando felicidad.

X

Cual ráfaga ligera se deshace
presto del triunfo la ilusión querida,
y azares rudos y peligros nuevos
la libertad amagan del indígena.
Que si en las llamas que a Marien cubrieron
el invasor audaz quedó sin vida,
allá en los campos de Maguá feraces
que innúmeras corrientes fertilizan,
do el Guabamino en los azules mares
el caudal de sus aguas deposita,
y entrelazan sus ramos vigorosos
árboles mil de producciones ricas,
nuevas hordas famélicas levantan,
armadas de ambición y de codicia,
sólidos muros que la indiana raza
en vano derribar intentaría.
De allí por las comarcas dilatadas
cual torrente veloz se precipitan,
y las selvas cruzando y las llanuras,
difundiendo el espanto en las campiñas,

a los dominios de Caonabo llegan
y en sus montañas con audacia fijan
baluarte firme de imponente aspecto
que al héroe de Maguana desafía.
De Niti en los confines apartados
Caonabo en tanto nuevo plan medita,
y envuelto entre las sombras de la noche
al enemigo sin cesar vigila,
y apresta sus legiones al combate,
y a la lucha los ánimos concita;
mientras inquieto el español osado
pasa las horas en tenaz vigilia,
y dispuesto a la lid porque temiendo
del cacique indomable está las iras,
y un medio busca sin que hallarlo pueda
de arrebatarle libertad y vida.

XI

De guerra sediento, de muerte y venganza,
sus tribus convoca, se apresta a la lid,
recorre los campos e intrépido avanza
resuelto el indiano gigante adalid.

Ya toca el baluarte que guarda altanera
la hueste arrogante del rudo invasor,
y el firme aparato, la fuerza guerrera
duplican del héroe tenaz el valor.

Se empeña el combate feroz, temerario,
los ecos de muerte repite el confín,
y allá entre las filas del bando contrario
los aires asorda de guerra el clarín.

El rayo que brota del cóncavo seno
del bronce temido con ruido fatal,
desciende iracundo llevando en su trueno
del indio a las huestes estrago mortal.

Empero, Caonabo renueva el aliento,
que al rayo no teme, ni teme morir;
y funde a los suyos heróico ardimiento
y audaz se le mira feroz combatir.

Y parten del arco las flechas agudas,
redoblan los ecos de muerte el clamor,
resisten de Iberia las huestes sañudas,
y el indio batalla con firme valor.

Combate el hispano que fiero pretende
al yugo una raza benéfica uncir;
mas ¡ay! que el indígena altivo defiende
su choza, sus selvas, su libre existir.

Y larga, reñida, la lucha sangrienta
prolonga sus horas de horror y de afán,
y a eterno exterminio con saña violenta
las huestes a un tiempo parece que van.

De entrambas legiones ninguna allí ceja,
tapizan el suelo cadáveres mil,
y cruza en el viento tristísima queja,
y campo es de horrores del indio el pensil.

XII

Enfrente del baluarte
Caonabo noche y día
espera que el contrario
cediendo a la fatiga,
sin agua ni alimento,
postrado al fin se rinda.
Y ataques mil sostiene,
y en torno suyo mira
la flor de sus guerreros
diezmada y abatida.
Empero nada logra
que de su afán desista,
que ya por treinta veces
del sol la lumbre vívida
apareció rasgando
la oscuridad sombría,
y el héroe de Maguana
impávido vigila
y asedia en el baluarte
las fuerzas enemigas.
Pero las hordas crueles

invaden las vecinas
comarcas, devastando
la tierra del indígena,
y luchan por doquiera
las tribus decididas
que en múltiples contiendas
sus fuerzas aniquilan,
y el héroe de Maguana
detiénese y medita.
Reunir piensa las tribus
en formidable liga,
donde el poder se estrelle
de la falange inicua.
Entonces del baluarte
su heroica grey retira,
yendo con implacable
reconcentrada ira,
a preparar en calma
la lucha decisiva
que librará de horrores
la tierra del indígena.

XIII

Desciende a las llanuras
y subiendo las montañas,
por estrechos laberintos
y por breñas intrincadas,
recorriendo va los campos
el cacique de Maguana.
Y el penacho de sus sienes
que sacude inquieta el aura,
y el siniestro centelleo
de sus ojos, y su planta
que tocar parece apenas
el sendero por do avanza,
le asemejan al espíritu
de la sombra y la borrasca.
Allá va salvando ocultos
precipicios y barrancas,
con las nubes en la frente,
con la cólera en el alma.
Las provincias todas cruza,
llega a todas las cabañas,

y nitainos y caciques
que el común peligro amaga,
a su voz el arco templan
y a la lucha se preparan.
Solo allá el cacique débil
que en Marien su tribu incauta
da en obsequio vergonzoso
al tirano de su raza,
a la liga salvadora
negar osa con audacia
la acogida que merece
y el apoyo que reclama.
Y temiendo el fiero enojo
del cacique de Maguana,
que en su cólera tremenda
ya le estrecha y amenaza,
vuela al sitio donde tiene
Guamiquina su morada,
y le expone con lamentos
de Caonabo la asechanza:
—Oye, dice, desde el día
que llegastes a mis playas,
te di asilo generoso
y amistad te brindé franca;
desde entonces me persigue
asolando mis comarcas,
y amagando hasta mi vida,
el cacique de Maguana
mis campiñas en desorden,
y mis chozas incendiadas,
tus soldados valerosos
que morir vi yo en las llamas,
lo terrible van diciendo
de su cólera inhumana.
Hoy con todos los caciques
una guerra oculto trama,
para dar muerte a los tuyos
y extinguir toda tu raza.
Yo, mi apoyo negué firme,

y Caonabo me amenaza
con la ruina y exterminio
de mi tribu y mis comarcas.
Mi poder y mis guerreros
a poner vengo a tus plantas;
Guamiquina, mis dominios
y mi vida y mi grey salva.

XIV

Allá en la fortaleza
Santo Tomás que se levanta altiva
de Maguana en las plácidas regiones,
y Caonabo asedió con sus legiones
de indómita entereza;
de vigilancia activa
y táctica feroz señales dando,
gobierna inquieto con severo mando,
Ojeda el español, de alma de acero,
fanático profundo,
audaz y afortunado aventurero,
en ardides diabólicos fecundo.
Allá en su fantasía
revuelve planes el astuto ibero
y con creciente pertinaz porfía
decide un medio original, extraño,
con que al cacique intrépido seduzca,
y muerto o prisionero,
víctima triste de fatal engaño,
a impoteneia perpetua lo reduzca:

que nunca frente a frente
en lucha franca y en abierta lidia
vencer logrará al adalid valiente;
y solo preparando
los lazos que le presta la perfidia,
el triunfo puede acariciar soñando.
Con número escogido
de los guerreros que a su mando tiene,
sin que la voz en su interior resuene
de la conciencia airada,
Ojeda se adelanta decidido
del cacique indomable a la morada;
que siempre imperturbable
llevando el arco en la guerrera diestra,
en medio de su tribu formidable
pronto a la lid intrépido se muestra.
Mensajero de paz, así se nombra
Ojeda del cacique en la presencia,
y Caonabo, si bien con ceño adusto,
le escucha con cortés benevolencia.
El infame español su encono injusto
recata con traidora alevosía,
y le habla de amistad, de mutua alianza,
y ensalza de sus reyes la hidalguía,
y le insta a deponer toda venganza.
Meditabundo y silencioso mira
Caonabo al jefe de la turba extraña,
y lo deja un instante y se retira,
y lento se dirige a su cabaña.

XV

Un areito dulce y blando
modulando
con ternura maternal,
se encuentra la soberana
de Maguana,
la esposa tierna y leal.

Y una hamaca suave, leve,
lenta mueve
con dulcísimo rumor,
donde duerme sosegada
la adorada
hija bella de su amor.

Melancólico es su acento
que del viento
perdido en las alas va,
como una queja del alma
que sin calma
llorando penas está.

Salomé Ureña de Henríquez

Suspende a veces el canto,
entre tanto
que atiende con ansias mil
si algún desacorde ruido
a su oído
la brisa lleva sutil.

De la selva los murmullos,
los arrullos
de las aves del palmar,
el susurro de las hojas,
las congojas
acrecientan del pesar.

¡Pobre reina sin ventura!
¡Qué amargura!
¡Qué continuo sin sabor!
Ya no ensaya la cantora,
triste ahora,
sino areitos de dolor.

A los ecos del combate
fiero late
de Caonabo el corazón,
y tomando el arco fuerte
guerra a muerte
va jurando a la opresión.

Pero, luego a su bohío
mas sombrío
pensativo ha de volver,
pues sus selvas y montañas
las extrañas
gentes pueblan por doquier.

Y a la reina Anacaona
no abandona
presentimiento fatal,
que tiene su pecho amante

en constante
zozobra fiera y mortal.

Sobre la niña dormida,
conmovida
tiende mirada de amor;
y lentamente murmura
con ternura
su cántico arrullador:

"Duerme, inocente tórtola
del nido de mi amor,
que con areito lánguido
te arrullo amante yo.
Duerme a los ecos suaves
de fuentes y de aves,
¡oh! de mi selva indígena
la más hermosa flor.

Duerme, que si fatídica
la nube apareció,
y amenazante escúchase
del huracán la voz;
te vela mi ternura,
que de tu frente pura
sabrá apartar la cólera
del rayo abrasador."

XVI

Mas, Caonabo de improviso
con su tribu de leales,
aparece en los umbrales
de su eracra de yarey.
Preocupado el aire trae,
y a la bella soberana
el cacique de Maguana
así dice ante su grey:

Con las flechas más agudas
que tu mano ayer labraba,
quiero al punto que mi aljaba
pronta esté, voy a partir.
Voy allá donde sus aguas
raudo tiende el Guabamino
a fijar nuestro destino,
o cual libre allí morir.

De mis bravos puesto al frente:
me presento al enemigo,
y cubiertos al abrigo
de la selva secular,
hablaré con Guamiquina,

le diré que aquí en mi suelo
soy cacique, y sólo anhelo
mis vasallos gobernar.

Le diré que si aquí vino
por fatal suerte contraria,
y esta tierra hospitalaria
grato asilo le ofreció;
y si el indio generoso
sus tesoros y sus grutas,
y sus aves y sus frutas
complaciente le brindó;

Hace mal cuando permite
que al indígena maltrate
y sus bienes le arrebate
la vil turba en el hogar;
y haré luego que me jure,
bajo el cedro de la sierra,
del indígena la tierra
y la vida respetar.

—¡Ay Caonabo! Tus palabras
más agudas que las flechas
a mi seno van derechas
destrozando el corazón.
¿Dónde vas? ¿Por qué así dejas
de tus bosques el amparo
y te lanzas sin reparo
a buscar tu perdición?

¡Ay de la hija que en mi seno
de tu amor ufana un día
fiel llevé con alegría
contemplando el porvenir!
Quedará huérfana, triste,
sin defensa, sin apoyo,
porque tú, como el arroyo,
corres, corres a morir...

—¡Oh! No temas, de mi tribu
los valientes indomables
me acompañan, formidables,
de esos bosques al través.
Y ¡ay! del pérfido arijuna
si al cacique de Maguana
blanco acaso de ira insana
pretendiere hacer después.

Guamiquina mi ira teme,
ya conoce a mis guerreros,
y de paz los mensajeros
en mi busca aquí mandó.
¡Oh! No temas que Caonabo
sus derechos sacrifique;
no me humillo, soy cacique;
cual cacique hablaré yo.

Volveré pronto a mis bosques,
volveré salvo a tus brazos,
rotos ya los torpes lazos
de dominio tan audaz.
Nuevo areito ya prepara
cariñosa, y cuando vuelva
que a los ecos de la selva
des el himno de la paz.

Como flor que sobre el tallo
se doblega tristemente,
así pálida la frente
la princesa reclinó
en el seno del cacique
palpitante y conmovida,
y —"¡el Zemí guarde tu vida!
Ve, Caonabo" suspiró.

Él la estrecha cariñoso
sus temores acallando,

y la aljaba sujetando
al vistoso cinto real,
de su hija en la alba frente
con un beso deposita
la efusión más infinita
del afecto paternal.

Denodado al campo luego
se dirige con premura,
y del bosque en la espesura
con sus bravos se perdió;
y resuelto y firme el paso
con serena faz gallarda,
ante Ojeda que le aguarda
majestuoso apareció.

XVII

—Ya que pides la paz, y a mis bosques
Guamiquina te envió, mensajero,
que hoy, verlo me lleves espero—
dice altivo con noble ademán.
Numeroso el ejército indiano
desplegarse en contorno ve Ojeda,
y suspenso y atónito queda
porque mira deshecho su plan.

—Si un tratado de paz y de alianza
Guamiquina, a sellar os convida,
¿por qué os sigue la hueste reunida
cual si fuerais al campo a reñir?—
Así dice el ibero encubriendo
de su pérfido espíritu el dolo.
—Al hogar devolvedlos, y solo
bien podéis cual amigo venir.—

Imponente el cacique se yergue
respondiendo en orgullo encendido:
—Nunca así, como esclavo rendido

Guamiquina a Caonabo verá.
De Maguana el cacique potente,
el Señor opulento del oro, (*)
de su nombre guardando el decoro
con sus fieles guerreros irá.—

Inclinándose emprende la ruta
lento Ojeda que lívido calla,
y en afán intranquilo batalla
meditando la grey alejar.
Presto un rayo de gozo en su frente
 con satánico brillo fulgura,
y del Yaque que blando murmura
en la orilla fingió descansar.

Allí entonces sagaz, lisonjero,
toma un juego de férreos anillos,
que del indio a los ojos sencillos
resplandecen con luces del sol.
Y a Caonabo cual rico presente
que Colón generoso le envía,
como prenda de paz e hidalguía
los ofrece el aleve español.

—¿Pero dónde, el cacique pregunta,
Guamiquina se ciñe este adorno?—
De las manos y pies en contorno
para dar más grandeza al poder.
Y pues vais a sellar decidido
un tratado solemne de alianza,
al usarla, más alta confianza
os pudiera esta insignia valer.

Cede al fin el cacique inexperto
y al perjuro tendiendo las manos,
¡prisionero en los hierros tiranos
sin que advierta el engaño quedó!
Y la oferta aceptando que astuto
le propone alevoso y artero,

en el brioso alazán del ibero
colocarse un instante dejó.

Asombrada la grey de Maguana
que el misterio fatídico ignora,
mira absorta la insignia traidora
y en el bruto a Caonabo el audaz.
En el bruto de Ojeda que airoso
doble carga consigo llevando,
va con giros inciertos dejando
la corriente del Yaque fugaz.

Luego, dando las crines al viento
el soberbio alazán impelido
se abalanza a galope tendido
conduciendo en su fuga a los dos.
Y obediente la turba villana
ya cumplido su sueño mirando,
los corceles también aguijando
de su jefe corriendo va en pos.

* Más o menos significaba esto el nombre de Caonabo.

XVIII

Gritos de rabia y espanto
que repercuten los ecos,
voces de angustia profunda,
rudos clamores siniestros,
lanza el indígena airado
que al cacique prisionero
entre la turba traidora
mira perderse a lo lejos.
De pronto una voz altiva
dominando el clamoreo,
se eleva el grito arrojando
de guerra la venganza al viento,
y, ¡guerra! ¡guerra y venganza!
van las selvas repitiendo...
Es el invicto caudillo
Manicatoex el soberbio,
que ya la tribu conduce
por montes, valles y carros
a libertar al cacique,
o perecer defendiéndolo.
Mas ¡ay! que es vano su arrojo,

que es inútil su denuedo,
que en derredor del baluarte
Santo Tomás combatiendo,
la tribu pierde por grados
vigor y vida y esfuerzo;
en tanto que Ojeda salva
las distancias satisfecho,
y a la Isabela arrogante
lleva en triunfo al prisionero.
Grande, altivo, desdeñoso,
y cargado con los hierros
que aceptó en menguada hora
de paz cual presente regio,
el cacique de Maguana,
sin abatirse un momento,
a la prisión conducido
llega con rostro sereno.
Allí Colón le interroga,
y allí el cacique de nuevo
sus protestas de venganza,
de guerra a muerte al ibero,
reitera con voz segura,
con firme y heroico acento:
—Yo soy, dice, de tu raza
el enemigo más fiero;
el que allá con sus legiones
fue de Marien al extremo,
y el hogar de tus soldados
reduje a sangre y a fuego,
y herí al cacique tu amigo,
y exterminé tus guerreros;
yo el mismo que largos días
otro hogar sitié que haciendo
a mi poder cruel insulto
tu gente fundó en mi suelo;
yo, el que estudiando afanoso
con vivo y tenaz empeño
cada sitio en que los tuyos
levantan su odioso imperio,

les preparaba en mi ira,
buscando un seguro medio,
la venganza y el castigo,
de que en Marien hice ejemplo.
Ahora teme si algún día
libre a mis bosques yo vuelvo;
teme que el arco en mis manos
se mire brillar de nuevo;
que no quedará ni rastro
de tu dominio en mi suelo.

La firmeza del cacique
Colón admira en silencio,
tanta altivez respetando,
tanto valor y denuedo.
Pero a tan fuerte enemigo
aunque cautivo temiendo
medita a solas y ordena
vigilar al prisionero.

XIX

Por el tendido piélago
las españolas naves,
bajo el aliento plácido
de céfiros suaves
gallardas y altaneras
cruzando van ligeras,
mientras se esconde pálido
en el ocaso el sol.
Y allí va el genio bélico
del suelo quisqueyano,
el defensor intrépido
del oprimido indiano,
que sin piedad alguna
triunfante en su fortuna
de su pensil bellísimo
arranca el español.

Sereno va el indómito
Cacique de Maguana,
aunque en sus ojos mírase
de oculta pena insana

irradiacion funesta
que a su semblante presta
no sé qué aire tristísimo
que oprime el corazón.
Entre cadenas férreas
sin compasión opreso,
con vencedor espíritu
al grave y rudo peso
la frente altiva yergue,
y allá en el patrio albergue
la audaz mirada fíjase
salvando la extensión.

Las bulliciosas ráfagas
de su región querida
parecen darle el ósculo
de eterna despedida,
en torno de su frente
girando blandamente,
rumores mil llevándole
de su perdido edén;
y en el confín divísanse
perdidas a lo lejos,
las imponentes cúspides
alzarse a los reflejos
que el moribundo día
al expirar envía
con brillo melancólico
ciñéndoles la sien.

Allá por siempre quédanse
las frescas enramadas,
los llanos extensísimos,
las palmas levantadas
cuyo penacho verde,
que ya de vista pierde,
Caonabo ve agitándose
por la postrera vez.
Y a su memoria agrúpanse

en tormentoso juego,
las mil y mil imágenes
de dicha y de sosiego,
que del hogar amigo
al cariñoso abrigo
propicias halagándole
miró con embriaguez.

Allí a la sombra plácida
de vírgenes florestas,
enajenado el ánimo,
las diumbas y las fiestas
vio que la grey ufana
de su gentil Maguana
cual homenaje espléndido
le daba en dulce afán.
Allí en areitos fáciles
la bella Anacaona,
cantó con eco férvido
la fama que pregona
por selvas y montañas
las ínclitas hazañas
que a su valor intrépido
renombre eterno dan.

Y pasan por su espíritu
flotantes y ligeras,
aquellas horas cándidas
de dichas lisonjeras,
en que soñando amores,
de plumas y de flores
corona fragantísima
su esposa le ciñó.
Y las caricias múltiples
de su ternura amante,
y tantos goces íntimos
de aquel hogar distante;
y el armonioso coro
dulcísimo y sonoro

del bosque, que gratísimo
sus sueños arrulló.

Del tronco de los árboles
su hamaca vaporosa
allí colgó a los hálitos
del aura rumorosa,
y del reposo blando
las horas deleitando
la tribu improvisábale
el rústico batey;
y del zemí benéfico
en el altar sagrado
depuso las riquísimas
ofrendas, prosternado,
que el dios grato acogía,
hasta que en triste día
la predicción fatídica
temblando oyó la grey.

Y todo en giro rápido
se agolpa en su memoria,
y mientras va las páginas
volviendo de su historia,
ya triste el sol desmaya
y en la indecisa raya
del horizonte trémulo
Quisqueya se ocultó...
Entonces una lágrima
del alma desprendida
a su pupila asómase
y brilla suspendida,
y luego lentamente
tristísima y ardiente
por la mejilla pálida
del héroe descendió.

Cruzando van el piélago
las naves españolas,

y la mirada lánguida
en las movibles olas
fija el cacique lleva,
como si alguna nueva
de angustias encargárales
llevar a su mansión.
Allá donde amantísima
su esposa fiel le llora,
donde su tribu innúmera
tenaz, batalladora,
desesperada lidia
vengando la perfidia
del invasor inicuo
de infame corazón.

Y van pasando alígeras
las horas tras las horas,
y el prisionero mísero
tras rápidas auroras,
de penas angustiado,
soberbio, encadenado,
siente extinguirse el hálito
que anima su existir.
Inerte a la luz pálida
del alba que amanece,
yerto el cadáver lívido
del mártir aparece;
y aún carga las cadenas
que tan horribles penas
costáronle fatídicas,
llevándole a morir.

Así perece inánime
el héroe de Maguana,
el enemigo acérrimo
de la invasión hispana,
el lidiador valiente
que de su hogar ausente,
de torpe engaño víctima,

su espíritu rindió.
Con un murmullo fúnebre
las olas se entreabrieron,
y en sus profundos ámbitos
el cuerpo recibieron,
y el sol desde su cumbre
con amorosa lumbre
sobre esa tumba líquida
sus rayos extendió.

XX

Bohechío, el cacique grande (*)
de Jaragua soberano,
el Néstor del pueblo indiano (**)
de años cargado y de afán,
en Quisqueya es venerado
de un extremo al otro extremo,
como el monarca supremo
a quien fiel respeto dan.

El buen anciano intranquilo
en su provincia lejana
supo de la raza hispana
la súbita aparición;
y alguna vez con los suyos
al campo fue de la guerra
para defender su tierra
contra la extraña invasión.

En sus dominios extensos
nunca su planta posaron
los intrusos que llegaron

con sus crímenes por ley;
pero los ecos del bosque
llevaron a sus oídos,
los ayes y los gemidos
de la aborígene grey.

Vio que unas tribus errantes
por las montañas huían,
mientras otras combatían
por la dulce libertad;
y el arijuna engreído
soberbios muros alzando
y al indiano esclavizando
con frenética impiedad.

Y el primero fue que ardiendo
en sed de justa venganza,
hizo con Caonabo alianza
y a la lucha se prestó,
y de Marien al cacique,
vendido a la turba extraña,
en su patriótica saña
cruda guerra declaró.

Cuando supo en sus comarcas
que al cacique de Maguana
de infame traición villana
víctima hizo el invasor,
convocando a los caudillos
de las tribus no vendidas,
dio batallas repetidas
combatiendo con valor.

Las huestes dominadoras
entre crímenes y espanto
por doquiera van en tanto
difundiendo su poder.
Y al retirarse Bohechío
a su provincia querida,

caros resuelve su vida
y sus dominios vender.

Pero no, que todavía
Los extraños invasores
aquella región de flores
tranquila dejan vivir.
Y no han ido, de su tribu,
devastando los hogares,
de otro culto los altares
en sus campos a erigir.

* A esto equivale el nombre de Bohechío
** Así lo llamaban los españoles.

XXI

En desconsuelo, con faz llorosa
y opresa el alma por penas duras,
va de Jaragua por las llanuras
la de Maguana reina infeliz.
Contra su seno trémula estrecha
cándida niña de rostro bello,
que el adorado materno cuello
con dulce brazo ciñe infantil.

Llega a la eracra donde reside
Bohechío el cacique, su noble hermano,
y el venerable, sensible anciano
le abre sus brazos con efusión.
—¿Qué nueva angustia tu llanto mueve?—
Triste el semblante, dice Bohechío.
—¿Por qué así llegas a mi bohío?
Di, ¿qué motiva tanto dolor?—

¡Caonabo! —exclama la indiana reina,
y entre sollozos queda su acento;
luego recobra calma y aliento
y más serena prosigue así:
Preso Caonabo, llorando a solas

pasé las noches, pasé los días;
pero calmaba mis agonías
grata esperanza de verle al fin.

Mas en su fuerte grande canoa (*)
cruzó los mares el arijuna,
y mi Caonabo fue sin fortuna
llevado lejos a otra región.
Corrí a la playa, del mar desierto
miré tendidas las aguas solas,
y al verme, alzaron tristes las olas
hondo murmullo sollozador.

Crucé las selvas y las montañas,
¡Y ven, Caonabo! ¡Ven! —repetía;
y sólo el eco me respondía
cual yo gimiendo: ¡Caonabo, ven!
Desesperada llegué a la gruta
y ante el sagrado zemí rendida,
que de Caonabo sobre la vida
velara siempre le supliqué.

Gimió la selva, gimió la brisa,
las aves todas también gimieron,
y esos gemidos de muerte fueron
cual de las tumbas el yaraví.
Luego una sombra pasó ligera
dando a los aires triste lamento,
como el de un alma que en desaliento
por sus montañas clama al morir.

Allá distante, lejos, muy lejos,
murió Caonaho, sí, que no miente
ni de la selva la voz doliente,
ni el triste anuncio del corazón.
¡Ay! Desde entonces como las hojas
que va empujando tormenta ruda,
cruzo los campos, y sola, y viuda,
mi desventura llorando voy.

En honda gruta que con su sombra
cubren mameyes, cedros y palmas,
la silenciosa paz de las almas,
¡cuántos caciques durmiendo están!
Pero Caonabo no ve extenderse
sombra de palmas sobre su tumba,
y va en el viento que triste zumba
para su sueño pidiendo paz...

* Así llamaba Anacaona a las naves de los españoles.

XXII

Calló la indiana reina, y el anciano
levantándose al punto de su asiento,
—¡Guerra sin tregua al invasor tirano!—
Clamó indignado con robusto acento.

¡Dadme la fuerte clava del guerrero,
al combate volemos, y seguros
ahoguemos en su sangre al extranjero,
y caigan con estrépitos sus muros!

—Tu empeño es vano, de Caonabo mira
el destino fatal, la suerte insana;
traidora muerte le valió su ira.—
Le responde la reina de Maguana.

Si el Turey en su cólera potente
sobre la indiana tribu el rayo envía,
podrá el esfuerzo de tu grey valiente
de la lucha vencer en la porfía.

Salomé Ureña de Henríquez

Airado está el zemí; llevemos flores
a la sagrada gruta, y humillados,
tributo de expiación, tantos dolores
allí le ofreceremos resignados.

No traigo un pensamiento de venganza
en medio de mi afán y mi amargura;
pidamos al Turey una esperanza,
una promesa de perdón segura.

—Aplazaré el combate— le responde
con voz de pena el venerable anciano,—
pero si altivo, a los dominios donde
se extiende mi poder, llega el tirano.

¿Quieres que el libre indiferente mire
talar sus campos, arrancar sus frutos,
y esclavo triste sin hogar suspire
y al arijuna dé ricos tributos?—

—No, que si amigos a su encuentro vamos
y la paz le ofrecemos sin rencores,
el poder y la vida conservamos
y alzarse no podrán como señores.

—Quiera el Turey benéfico, propicio,
tus votos acoger, Anacaona;
mas temo que te lleve al sacrificio
esa amistad que tu candor abona.

Quédate en mis dominios; de ira armado
tus comarcas invade el arijuna
que aún respeta mi hogar, y aquí a mi lado
reposo encontrarás, si no fortuna.

Como roble que el tiempo ha carcomido
mi cuerpo ya se inclina hacia la tierra:
Tú heredarás mi suelo no vencido;
tal vez tú puedas conjurar la guerra.—

XXIII

Cada vez más engreído
el español sin conciencia
con crímenes y con sangre
su vasto imperio cimenta.
Ya todos los cacicazgos
por la astucia o por la fuerza,
va sometiendo a su yugo
con arrogante soberbia.
Marien, la comarca aliada,
la que amiga le acogiera,
de un tributo vergonzoso
la enorme carga sustenta,
sin que los méritos valgan
de su acogida sincera.
Y en la provincia vencida
de Maguana la opulenta,
por más que aún luchan sus tribus
la libertad ya no encuentran.
Guarionex, cacique noble
que en Maguá su grey gobierna,
del español deslumbrado

con las falaces promesas,
de paz tributo le brinda
y generoso le obsequia,
y hasta de la fe cristiana
el Dios a adorar empieza.
Iguayagua abre el tesoro
de sus auríferas venas,
para saciar la codicia
de la ambición extranjera.
Y las tribus sorprendidas,
unas luchando soberbias,
otras creyendo sumisas
hallar paz en la obediencia,
otras huyendo el peligro
por las montañas y selvas,
todas al zemí levantan
sus plegarias lastimeras;
y al arijuna preguntan
que cuándo volverse intenta
para su patria distante
dejando libre a Quisqueya.
Sólo Jaragua la hermosa
que en dos mares se contempla,
la señora de los lagos,
la de encantadas praderas,
lejos del común contagio
sus libertades conserva.
Pero de súbito se oye
cruzar con eco de guerra
del caracol el sonido
que ya a la tribu despierta;
y el venerable Bohechío
colocado a la cabeza
de su falange de bravos
la conduce a la pelea.
Es que invade el arijuna
ya sus comarcas extensas
con estruendo pavoroso
de atambores y trompetas,

y a morir como los libres
su grey el cacique lleva.
Cruzando llanos y cumbres,
por intrincadas veredas,
al frente del enemigo
por fin la tribu se encuentra,
pero las huestes extrañas
no dan señal de refriega.
Entonces el buen cacique
al jefe extranjero llega,
y asombrado le pregunta:
—¿Qué buscas aquí en mis selvas?—
Activo el Adelantado,
que de Colón en la ausencia
del mando de la colonia
tiene a su cargo las riendas,
y la región de Jaragua
someter sin lucha anhela,
así al anciano Bohechío
dice con voz lisonjera:
—Vengo en paz a tus dominios
para visitar tus tierras,
y contigo algunos días
pasar en unión estrecha.—
—Bienvenido a mis comarcas,
bienvenido el huésped sea;—
responde el cacique anciano
que sus legiones dispersa.

XXIV

Los rústicos sones de indianos timbales
cruzando en el viento le escuchan do quier:
Jaragua de fiesta, sin mengua o desdoro
de su alta grandeza, su regia altivez,
al huésped que llega la paz invocando
recibe afectuosa con pompa y placer.
Los aires se llenan de músicas gratas,
se anima el espacio, resuena el magüey;
gentil comitiva recorre los campos
del jefe al encuentro saliendo cortés.
Las vírgenes bellas, sin velo mostrando
sus talles que imitan flexible yarey,
los negros cabellos flotando a las auras,
en diumba ligera danzando le ven,
y palmas y ramos que agitan al viento
del huésped que llega rendir a los pies.
La reina del valle, la indiana cantora,
ceñida de flores, en alto dosel
que ufanos conducen sus fieles vasallos,

presenta al ibero su real parabien;
y en dulce contento, con franco alborozo,
conducen al huésped al regio caney.
La mesa del indio con peces y fruta,
y tortas doradas cubierta se ve,
y en ella el ibero se sacia, y apura
del néctar de piña la dulce embriaguez
y siguen las danzas, y siguen los juegos,
y todo en Jaragua respira placer;
tan sólo Bohechío su espíritu esfuerza
por dar al semblante la calma del bien,
y ahogando el suspiro del pecho angustiado
con triste sonrisa contempla su grey.
Dos veces la aurora se alzó en el oriente
y el sol a su ocaso se vio descender,
y el huésped en móvil hamaca tendido
mirando las danzas, el ágil batey,
las vírgenes bellas que pasan cantando,
soñando se juzga llevado al edén.

XXV

Empero es fuerza que ya sacuda
tan grato sueño para partir;
fuerza es que deje con sus encantos
la de Jaragua región feliz.

Pues que ya el hábil Adelantado,
en esas horas de dulce unión,
franco el objeto de su visita,
al gran cacique comunicó.

—Mi hermano, dijo, que en sus bajeles
desde Castilla vino basta aquí
cruzando mares, sufriendo penas,
estas regiones por descubrir;

Es el enviado de los monarcas
cuyo elevado regio poder
estas comarcas quiere que amigas
a su corona tributo den.

Yo que en su ausencia dirijo y mando
cuanto a su cargo confiado está,
vengo en su nombre para pediros
ese tributo franco y leal.—

Bohechío suspenso queda un instante,
Y en su memoria repasa fiel
cuantas angustias y penas cuantas
viene sufriendo la indiana grey.

—En mis montañas, —luego responde
no hay las riquezas que buscas tú,
ni en sus arenas llevan mis ríos
polvos que brillen con rica luz;

Allá en las tierras de otros caciques
se esconde el oro con profusión,
y ellos potentes dan un tributo
que no pudiera brindarte yo.—

—Si en tus montañas no brilla el oro,
de tus campiñas que asombro dan
con los productos privilegiados
fácil tributo puedes brindar.—

—Entonces parte, que si a los tuyos
bastan los frutos y el sarovey,
y si respetas mis libertades
nunca el tributo te negaré.—

XXVI

Vencido el plazo, la tribu
de Jaragua habitadora,
de su tierra productora
con grato espontáneo afán;
reunidos para el tributo
tiene los frutos mejores,
y caprichosas labores
que asombro a la vista dan.
Y luego a la grata sombra
de sus amenas florestas,
con nuevas danzas y fiestas
al huésped brinda otra vez.
Que sólo entonces se atreven
los extraños invasores,
de Jaragua los primores
a admirar con embriaguez.
La vida allí sin afanes
corre tranquila y serena;
no impone allí su cadena
la bárbara esclavitud.

Salomé Ureña de Henríquez

Libre la grey en sus bosques
corre cazando la iguana,
o la siesta pasa ufana
en deliciosa quietud.
Pero el anciano cacique
atento observa y escucha
los clamores de la lucha
en el lejano confín.
Sabe que en otras comarcas
es el indígena esclavo,
y recuerda de Caonabo
el triste y aciago fin.
Y en su choza suspirando
ve pasar hora tras hora,
y al rayar la nueva aurora
no deja su mansión.
Y no bastan los areitos
ni las danzas nacionales
a curar los hondos males
de su enfermo corazón.

XXVII

Con tenue murmurío
en triste sitio que la luz no dora;
baja la sombra del ramaje umbrío,
sutil la brisa penetrando llora.

Y lloran prosternadas
sobre una tumba en lánguida querella,
gimiendo en desconsuelo, desoladas,
las vírgenes hermosas de Quisqueya.

Su yaraví doliente,
con misterioso ritmo a la memoria,
de una vida en virtudes eminente
recuerda tierno la sentida historia;

La historia bendecida
del anciano cacique venerable,
que vio Jaragua en su región florida
regir su tribu con ternura afable.

Salomé Ureña de Henríquez

Rendido por los años
y de acerbos dolores bajo el peso,
cual señores mirando a los extraños
y esclavo al indio, en servidumbre opreso;

Languideció su alma,
vio dilatarse el porvenir sombrío,
y paz buscando y perdurable calma
pidió al sepulcro su descanso frío.

Bohechío el soberano,
el gran cacique descendió a la tumba...
ya no respira el venerable anciano...
su nombre sólo con amor retumba.

¿Quién dictará prudente
sabios consejos a la estirpe indiana,
que en su vida pacífica, inocente,
los males nunca en precaver se afana?

¡Llorad vírgenes puras
del cacique inmortal la eterna ausencia,
y la brisa remonte a las alturas
de fúnebres areitos la cadencia!

En la mortuoria ciba
con indelebles signos misteriosos,
de sus virtudes la memoria viva
alentando a los pechos generosos.

XXVIII

Ya en el trono de Jaragua
la gentil Anacaona
sola ciñe la corona
vacilante del poder.
Sola ya dirige sabia
su dócil tribu adorada,
que al futuro va confiada
de su amor bajo la ley.

Todo es paz en los dominios
que custodia diligente,
con espíritu prudente
de concordia y de perdón
y su trato, de dulzura
majestad y gracia lleno,
es un dique al desenfreno
criminal del invasor.

Salomé Ureña de Henríquez

En su sed devastadora
lo hunde todo el extranjero,
mas en vano busca fiero
allí paso a su crueldad.
Lleva en sí la indiana reina
dignidad tan imponente
que aún del vil la torpe frente
con respeto hace inclinar.

Al poder y fuerza y arte
de la hueste castellana,
ella opone soberana
la bondad; y así feliz
de su tribu numerosa
apartar logra la saña
que doquier lleva la extraña
horda fiera de alma ruin.

Y volando así las horas
van del tiempo presuroso
para el pueblo candoroso
de Jaragua en dulce paz;
mientras sueña Anacaona
con sus rasgos de nobleza,
siempre así, de su cabeza
la desgracia conjurar.

XXIX

Veloz el tiempo raudo
su curso precipita
las penas aumentando
del infeliz indígena,
que ya ni una esperanza
de libertad abriga.
Desnuda muchas veces
se vio la ceiba antigua
y nuevas hojas verdes
vistió su copa altiva,
y tristes los infantes
del pobre hogar en ruinas
crecieron entre el llanto
sin juegos ni sonrisas.
De duelo es el areito
que mísera y cautiva
la virgen de los bosques
desde la infancia oía,
y es lánguido su acento

como la voz tristísima
de muertas esperanzas,
de libertad perdida.
Profana sus encantos
la criminal lascivia
del bárbaro que aleve
las tribus extermina,
y al indio no se enlaza
la virgen prometida,
ni sabe los cantares
con que el amor se inspira,
ni espléndido penacho
de bellas plumas ricas
para la frente amada
con ilusión fabrica.
También Anacaona
mirando se extasía
cual crece y se levanta
como la palma erguida
la tierna Higuenamota,
su candorosa hija.
Con maternal ternura
sorprende conmovida
que de la virgen cándida
sobre la frente limpia
mil rasgos de Caonabo
con noble gracia brillan;
y con amor más puro
de entonces la acaricia,
y a veces una lágrima
empaña su pupila.
Pero su mente luego
regiones infinitas
recorre en pos volando
de una ilusión gratísima,
y sueña ya en las sienes
de la preclara hija
la espléndida corona
depositar un día

después que allá en la gruta
de palmas circuida
donde al zemí consagra
ofrendas el indígena,
entre el nupcial areito
y agrestes armonías,
el buitío en voz solemne
la unión feliz bendiga,
que a un indio de su raza,
de su nobleza misma,
enlace de Jaragua
con la heredera altiva.
Así de Higuenamota
fijar la suerte ansía,
y ya de lo futuro
tras lo ignorado mira
crecer y perpetuarse
su trono y su familia.

XXX

Cogiendo flores que brota
de la montaña la falda,
mientras libre al aura flota
su cabello, una guirnalda
va tejiendo Higuenamota.

Serena es su frente hermosa
como las aguas tranquilas,
y la niñez candorosa
aún destella en sus pupilas
con viva lumbre radiosa.

Pero su talle flexible
como los juncos del lago,
de un encanto irresistible
de un anhelo ardiente y vago
llenan el pecho sensible.

Más que el lirio perfumado
embriaga su puro aliento,
y es armonioso su acento
como el eco regalado
del ave que cruza el viento.

Salomé Ureña de Henríquez

Por la tendida pradera
pasa cogiendo las flores
alegre, esbelta, ligera,
a los pálidos fulgores
de la tarde placentera.

Un rumor las hojas mece
de la arboleda cercana,
luego un guerrero aparece
ante la virgen indiana
y estático permanece.

Es blanca su tez, y bello
y atractivo su semblante,
azul irradia el destello
de sus ojos, y brillante
como el sol es su cabello.

La virgen mira serena
al joven de raza extraña;
es de la raza que amena
a veces en su cabaña
contempla de gozo llena.

—"Hija hermosa de las flores—
dice el gallardo extranjero,
—El pecho llenan de amores
Con deleite lisonjero
Tus encantos seductores.

Nueva existencia respira
el corazón sólo al verte,
escucha mi acento, mira,
tú puedes cambiar la suerte
del alma que en ti se inspira.

De la virtud al camino
por tu amor volveré ufano,
yo que en loco desatino

busqué placeres en vano
del mundo en el torbellino.

Ángel de paz e inocencia,
¿quieres que dicha cumplida
una suerte, una creencia,
en dulce unión bendecida
confunda nuestra existencia?

Responde, flor inocente
de los valles de Jaragua,
acoge mi armor ardiente
y que del bautismo el agua
descienda sobre tu frente;

Y suave lazo de flores
estreche nuestras dos almas,
y los pájaros cantores
sobre las ceibas y palmas
celebren nuestros amores.—

En la del joven guerrero
pone la virgen su mano,
y —ven— dice, este sendero
que oculta el bosque cercano
lleva a mi choza, extranjero.

Es más dulce la voz tuya
que el canto que el ave entona,
antes que la tarde huya
ven, y escuche Anacaona
lo que has dicho a la hija suya.—

—No en vano, virgen indiana
te formó el cielo tan bella,
si en esa frente lozana
la regia altivez descuella
de una estirpe soberana.

Condúceme a donde habita
tu excelsa madre preclara,
y su pasión infinita
que allí Hernando de Guevara
con emoción te repita.—

Y por la calle tortuosa
que oculta la selva umbría,
va la pareja dichosa
rebosando de alegría
y platicando amorosa.

XXXI

El ángel de los amores
tiende sus alas de paz
de la reina de Jaragua
guardando el tranquilo hogar,
donde en plácidos delirios,
y delicioso solaz,
para los tiernos amantes
las horas pasando van
bonancibles y serenas
como apacible raudal
que sobre lecho de flores
corre en suave murmurar.

Deshecho ve Anacaona
su candoroso ideal,
porque burlando la suerte
tantos ensueños de afán,
a Higuenamota no brinda
el indio de estirpe real

que su ternura en delirio
vio cual dulce realidad.
Mas la virgen inocente
muestra en su cándida faz
tal expresión de ventura,
tan dulce felicidad,
que con su dicha delira
la ternura maternal,
y abre al hidalgo guerrero
su corazón y su hogar.

Higuenamota sonríe
de amor el alba fugaz,
como la flor de los campos
al destello matinal;
y Anacaona se inspira
en gratos sueños de paz,
juzgando que a ser un día
pueda ese enlace llegar,
prenda de alianza que aparte
de su cabeza real
la cólera pavorosa
del extranjero procaz.
Así cual hijo amoroso
a Hernando recibe ya,
y la unión afortunada
espera con ansiedad,
llena de júbilo el alma,
gozándose al contemplar
que adora el joven guerrero
a su indígena beldad,
con un cariño purísimo,
con un afecto leal.

Presto la fúlgida lumbre
de la aurora brillará
que a la tribu de Jaragua
para la fiesta nupcial
de la heredera del trono

gozosa despertará,
y cánticos de ventura
los ámbitos llenarán.
Entonces, ebria de amores
la casta virgen irá
del dios de Hernando ante el ara
la frente pura a inclinar,
para bañarla en las aguas
de la fuente bautismal,
y del indio las creencias
y el falso culto abjurar.

¿Pero qué sombra de duelo
como presagio de mal
de los felices amantes
la dicha viene a turbar?

XXXII

Roldán el infame que el digno homenaje
de amor y respeto negaba a Colón,
frenético alzando su voz sediciosa,
moviendo en las filas fatal rebelión;

Tras mil enojosos disturbios prolijos
que el alma amargaron del gran genovés,
haciendo el anhelo de paz y de calma
que al vil otorgara su gracia después;

Roldán, ambicioso de mando y honores,
su asiento en Jaragua de entonces fijó;
y así la provincia confiada a su antojo
por él dominada de entonces se vio.

El trato benigno y afables modales
que supo la reina preclara mostrar,
hicieron acaso que nunca pudiera
el regio decoro Roldán ultrajar.

Mas iah! que flexible cual palma gallarda
que mece a las auras su talle gentil,
radiante a su vista cruzó Higuenamota,
y arder sintió el pecho con ansia febril.

Sorprende que existe cual valla funesta
de estorbo a sus miras feliz un rival;
Y —"es fuerza que parta"— murmura indignado
dictando frenético la orden fatal.

Hernando obedece, su amada abandona
latiendo animoso su fiel corazón,
y al cruel mandatario su amor encarece,
sus sueños de dicha, su próxima unión.

Roldán le rechaza con ruda violencia
cual vil y falsario que intenta extraviar
con frases mentidas de amor y ternura
el cándido afecto de un ser virginal.

Hernando medita: después humillando
su altivo carácter en aras del bien,
su inmenso cariño probar así espera
del ángel que adora dejando el edén.

XXXIII

Vivir Hernando de su amor ausente
con febril ansiedad en vano ensaya;
ya en viva indignación arder se siente,
ya de esperar su corazón desmaya;

Y tras íntimas luchas dolorosas
a la virgen indiana se presenta,
en su frente llevando pavorosas
las nubes que presagian la tormenta.

Anacaona con materno celo
le oculta en su mansión, y su ternura
a realizar el amoroso anhelo
de los tiernos amantes se apresura.

Todo en secreto se prepara en tanto
que sólo espera la familia ufana
del altar al ministro sacrosanto,
la suspirada bendición cristiana.

Mas un día en que el joven a las plantas
de la beldad indígena que adora
de su pasión las emociones santas
mostraba en actitud arrobadora,

Invade la mansión tropel furioso
y antes que requerir pueda su acero,
sorprendido el mancebo valeroso
cercado se contempla y prisionero.

Arrancado al hogar de sus amores,
entre hierros pesados que le oprimen,
de una estrecha prisión en los horrores
llévanlo a expiar de su pasión el crimen.

XXXIV

Triste, abatida cual palma
que roda tormenta azota,
así dobla Higuenamota
la melancólica sien.
Llorando queda la virgen,
marchitas están las flores
con que sus sueños de amores
poblaron todo un edén.

Ya no recorre los campos
ya no trepa la colina,
ni en la corriente vecina
se contempla sonreír;
que si del sol en ocaso
el último rayo expira,
ella lo observa y suspira
como él ansiando morir.

Salomé Ureña de Henríquez

A la noche silenciosa
demanda en su amargo duelo
nuevas de grato consuelo,
alivio a su padecer;
y la brisa de los bosques
le murmura sollozando
que nunca, nunca su Hernando
podrá a sus brazos volver.

Pobre tórtola inocente
que al labrar su amante nido,
en las ráfagas perdido
la miró del huracán.
Y en vano con vista inquieta
recorre el sitio encantado,
donde ver a su adorado
pudo en horas sin afán.

Desgarrado está el materno
corazón de Anacaona
que a un presagio se abandona
pavoroso, aterrador.
Por eso ya cuando ansiosa
al porvenir triste mira,
la frente dobla, suspira,
y se estremece de horror.

XXXV

Sobre comarcas en ruina
dominan los extranjeros,
roto ya de sus pasiones
desordenadas el freno;
que si pudo generoso
de Colón el noble pecho
alguna vez poner dique
a criminales intentos,
la calumnia y la perfidia
se convocaron de acuerdo
para ultrajar su alta gloria
y conducirlo entre hierros
de su Quisqueya querida
allá distante, muy lejos.
De entonces cual nunca libre
el crimen alzó su imperio.
Ya no se miran las tribus
numerosas recorriendo

las selvas y las montañas
donde felices vivieron,
ni el zemí recibe afable
las ofrendas de su pueblo,
que del ara derribado
sin culto yace en el suelo.
Y caciques y nitainos,
del Turey los predilectos,
ya no ejercen poderosos
de sus greyes el gobierno,
que del bárbaro a la saña
poco a poco sucumbieron.
Caonabo, el cacique fuerte
que en la lucha fue el primero,
víctima de torpe engaño
y oprimido en duros hierros,
rindió de su hogar ausente
el espíritu soberbio.
Y Bohechío, el buen anciano,
el gran cacique supremo,
allá en Jaragua se rinde
del dolor al grave peso,
dejándole a Anacaona
vacilante ya su reino.
Guacanagario, el débil
aliado del extranjero,
de su tribu generosa
el crudo destino viendo,
de su grey aborrecido,
despreciado del ibero,
presa de angustia terrible
y atroces remordimientos,
de la selva solitaria
en los más ocultos senos
fue a morir abandonado,
entre horrorosos tormentos.
Guarionex, cacique invicto,
de Maguá jefe opulento,
que la paz de su comarca

guardar quiso afable y bueno.
Y abrió al invasor tirano
de su tierra los veneros,
la codicia y cruda saña
conjurar así creyendo,
ultrajado torpemente
templa el arco del guerrero
y tras luchas de porfía
y combates de denuedo,
por infame acción traidora
se contempla prisionero.
Condenado a extraño clima
cruza el mar, y allá a lo lejos
enfurécense las olas
y sepúltanlo en su seno.

¡Todo es muerte, horror y llanto!
El indígena indefenso
de sudor y sangre inunda
las campiñas de su suelo,
y cava la dura tierra
y allá en su profundo centro
arranca el oro que busca
para el feroz extranjero,
y rendido de fatiga
se postra y expira luego.
¡Todo es ruina y servidumbre!
¡Todo, exterminio siniestro!
Solo allá Cotubanama,
el cacique gigantesco,
se sostiene con su tribu
de Iguayagua en el extremo;
y la tierra Anacaona,
la de generoso pecho,
en Jaragua inquieta vela
por la suerte de su pueblo.

XXXVI

Ovando, el jefe inicuo
de entrañas de fiereza,
extiende su dominio
fatal sobre Quisqueya
y quiere que hasta el último
indígena perezca,
y un solo pensamiento
sus sueños atormenta:
dar muerte a los caciques
que aún el poder conservan.
Mas, ¿cómo de Jaragua
en la apacible reina
podrá su cruda saña
pretexto hallar siquiera?
De su tenaz vigilia
es ese único tema;
mas no por largas horas
a fatigarse llega;
las almas sanguinarias
motivos mil encuentran

para ejercer terribles
su furia carnicera.
Jaragua aniquilada
consigue a duras penas
de su tributo enorme
satisfacer la deuda,
y Ovando a sus esbirros
con intención funesta
convoca y les infunde
la criminal idea
de que rebelde ahora
la poderosa reina
rehúsa del tributo
satisfacer la entrega,
porque en secreto forja
los planes de la guerra.

Así con alevosa
resolución siniestra
camina con los suyos
a la morada regia,
donde sumida en honda
meditación de pena
en sus profundos males
Anacaona piensa.
No ya del arijuna
la paz y el bien espera,
ni afecto ya le inspira,
ni asombro su grandeza.
La chusma que sus vastos
confines atraviesa,
feroz y desbordada
persigue y atropella
la tribu, y sus regiones
reduce a la miseria.
Pero cortés, afable,
la generosa reina
las leyes de su raza
hospitalaria y buena

jamás descuidar sabe
ni en el olvido deja.

De Ovando a la visita
dispónese y apresta
los cantos y los juegos,
las diumbas y las fiestas
con que Jaragua ufana
sus huéspedes obsequia.
En palanquín brillante
que adornan flores bellas,
ceñida de jazmines
la altiva frente regia,
avanza rodeada
de vírgenes aéreas,
hermosas cual las cándidas
deidades de la selva,
que cantan los areitos
de paz y enhorabuena,
y a Ovando ofrecen palmas,
y flores le presentan.
La tribu sus cabañas
solícita franquea,
y al huésped alevoso
de entrañas de fiereza,
regala a todas horas
y ansiosa le festeja.

XXXVII

Con danzas y cantares repetidos
la tribu candorosa de Jaragua
un día tras otro complaciente obsequia
al falso huésped que su ruina fragua.

Esto a Ovando sugiere un pensamiento
horrible, atroz, que realizar medita,
y a su vez de sus juegos la destreza
al indio incauto, presenciar invita.

Acoge el aborígene inocente
con placer la noticia peregrina,
y el instante fijado, al fatal sitio
la grey en muchedumbre se encamina.

Tributarios caciques numerosos
circundan a la hermosa soberana,
desarmados, gozosos, impacientes
por ver los juegos de la gente hispana.

Salomé Ureña de Henríquez

Rompe la fiesta de atractivos llena;
fascinada la grey sin movimiento
sigue del juego los extraños giros,
y suspende la voz, y hasta el aliento;

Cuando el cruel mandatario, endurecido,
sacrílego y feroz lleva la mano
a la brillante cruz que aleve ostenta
sobre el malvado corazón tirano;

Y al punto el eco del clarín responde,
y desnudas espadas centellean,
y a la reina infeliz y sus nitainos
los esbirros satánicos rodean.

Pavoroso clamor cunde en los aires;
frenética la turba furibunda
acuchilla al indígena indefenso,
y un mar de sangre la campiña inunda.

Exánime la virgen acá expira
hollada entre los pies de los corceles;
la madre más allá junto al infante
la vida exhala entre congojas crueles;

Y el vigoroso joven y el anciano
confunden sus miradas de agonía,
que de la horda brutal endurecida
no conoce piedad la furia impía.

¡Cuánta sed de crueldad inextinguible!
¡Qué embriaguez de matanza y de exterminio!
Huye la vida de aquel campo donde
la muerte extiende su fatal dominio.

Colmo al horror que pavoroso impera
voraz incendio se levanta y cunde,
y de la reina la mansión envuelve
que entre las llamas se estremece y hunde.

Allí entre el fuego y el tormento expiran
reunidos los caciques tributarios,
sin que uno solo su existencia logre
disputar a los tigres sanguinarios.

¡Todo es pavor, desolación y ruina,
hacinados cadáveres sin cuento!
El indio perseguido hasta en las selvas
rinde asediado el postrimer aliento.

Sólo queda una víctima escogida
que guarda el vencedor como trofeo:
la reina ilustre, la inmortal cantora
que dará a la crueldad nuevo recreo.

XXXVIII

A sus guaridas ebria de sangre
se vuelve en triunfo la chusma vil,
y entre cadenas va de Jaragua
la ilustre reina también allí.

La pobre indiana, sobre sus campos
vuelve la vista llena de horror,
y a esos lugares do el alma deja
envía un amargo supremo adiós.

Lagos de sangre son las llanuras
de su comarca feliz ayer,
y en los senderos por donde pasa
cadáver yace su amada grey.

Encadenada va entre la turba
que indigno ultraje le hace sufrir,
a ella que afable colmó al ibero
de generosos favores mil.

Mas no tal suerte su mente abruma;
que desgarrado va el corazón
porque a sus plantas la hija del alma
yerta, sin vida, rodar miró:

Fatal recuerdo que aún estremece
todas sus fibras, todo su ser;
ya la existencia cual dura carga
le agobia y rinde con peso cruel.

Así en oscura cárcel estrecha
no siente el ansia de libertad,
que el alma inquieta sólo a la tumba
pide el descanso, pide la paz.

XXXIX

En la ciudad altiva donde al murmullo ronco
de las hirvientes olas se aduerme el vencedor,
¿Por qué se escucha sordo, del alba a los destellos,
    insólito rumor?
¿Qué nuevo drama horrible por presenciar se afana
la muchedumbre ansiosa lanzándose en tropel?
Del crimen multiplica siniestros los horrores
    el mandatario cruel.
Al pie de la horca fiera que extiende en el espacio
su brazo formidable que muerte anuncia ya,
sus pasos encamina la multitud liviana:
    la víctima, ¿dó está?
Bellísima, imponente, con majestad avanza,
serena la mirada, tranquilo el ademán;
de la virtud y el genio brillando los fulgores
    sobre su frente están,
Mitad, es la cautiva, la regia prisionera
que al trono de Jaragua sustrajo la ambición;
la de alma generosa que concedió, la injuria
    magnánimo perdón.
Es ella la que avanza, la que a morir camina
del sanguinario ibero para saciar la sed;
es ella a quien aguarda de aquel suplicio bárbaro
    la ignominiosa red.

Es ella, la cantora del pueblo quisqueyano
que ayer con sus areitos los ámbitos llenó,
y la epopeya indígena, con inspirado acento
    glorioso levantó.
De la espaciosa plaza donde a morir la guían
ya tocan los esbirros el término fatal:
la multitud se apiña por ver cómo sucumbe
    la víctima real.
Entonces cual ansiando gozar Anacaona
la paz en otra vida que su alma vislumbró,
el cuello delicado de formas peregrinas
    al lazo presentó.
Tristísima una nube cruzó la azul esfera
cubriendo con sus velos la luz del nuevo sol;
Después... a sus destellos cumplida celebraba
    su hazaña el español.

Apéndice

Nota de las corporaciones e individuos que han contribuido a la impresión de esta obra.

Sociedad "Amigos del País"
Alejandro Woz y Gil
Álvaro Logroño
Amadeo Rodríguez
Casimiro del Monte
César Nicolás Pensón
Emilio Prud'homme
Epifanio Desangles
Francisco Henríquez y Carvajal
José P. Castillo
José Lamarche
José Dubeau
Juan B. Bonafé
Leopoldo Lamarche
Luis Arturo Bermúdez
Luis Temístocles Castillo
Marcos A. Gómez
Miguel E. Garrido
Miguel Billini
Pablo Pumarol
Paulino A. Castillo
Pedro E. Brea
Pedro Ma. Garrido
Rafael Ma. Jiménez
Rafael Ma. Pérez
Ricardo Piñeyro
Tomás Brea
Juan T. Mejía
Federico Henríquez y Carvajal
José Joaquín Pérez
Francisco Gregorio Billini
Manuel Piña

Pedro B. Rodríguez
Juan José Sánchez
Juan E. Jiménez
Mateo Peinado
José Francisco Pellerano
Juan E. Rodríguez
Emiliano Martínez
J. Clodomiro Alfonso
Juan P. Piña
Francisco C. Ortea
José Castellanos
Ilustre Ayuntamiento de Santo Domingo
Ilustre Ayuntamiento de Santiago de los Caballeros
Ilustre Ayuntamiento de Samaná
Monseñor Roque Cocchía
Pbro. Dr. Fernando A. de Meriño
Pbro. D. José María Meriño
D. Manuel de J. Galván
D. Emiliano Tejera
D. José G. García
D. Mariano A. Cestero
D. Apolinar de Castro
D. Maximiliano Grullón
D. Santiago Ponce de León
D. Manuel Gil
D. José de J. Castro
D. Manuel de J. García
D. José Z. Castillo
D. Eugenio de Marchena
D. Alejandro Ricart
D. Miguel Carmona
D. Apolinar Tejera
D. Domingo Rodríguez Montaño
D. José P. de Soler
D. Francisco Qüírico Contreras
D. Amable Damirón
D. Tomás J. Lugo
D. Patricio Suazo y Peña
D. Benito Henríquez

D. Heriberto García
D. José Reyes
D. Federico Acosta
D. Andrés Pérez
D. Telésforo Alfonseca
D. Francisco Castillo
D. Manuel Peynado
General D. Gregorio Luperón
General D. Segundo Imbert
General D. Jacinto Peinado
General D. Carlos Parahoy
General D. Hipólito Benlisa
Señoritas Adelina, Mercedes y Clotilde Henríquez
Señorita Dolores Rodríguez Objio
Niños Manuel de Jesús y Emilia
Niños Ángel Porfirio y Flor de María
Niño Rafael David
Niño Luis Eduardo
Niña Altagracia
Niña Julia
Niña Rosa de Noel
Niña Elena Adelina
Niña Clotilde y Clotilde
Niña Rosa Luisa
Niña María Dolores
Señora Canuta Carvajal

Índice

Salomé Ureña de Henríquez

www.ingramcontent.com/pod-product-compliance
Lightning Source LLC
Chambersburg PA
CBHW051821040426
42447CB00006B/311